Mi paso a paso por la Vía Francígena

1ª edición: abril de 2021

Diseño gráfico: Cédric Raskin
Fotografía de la cubierta: Cédric Raskin
© 2021,Carlota Salazar Santander
ISBN: 9798746436436

CARLOTA
SALAZAR SANTANDER

Mi paso a paso
por la Vía Francígena

Zaragoza
2021

A mamá, quien me contagió de niña el amor por la lectura y me abrió las puertas al arte de la escritura.

A papá, quien me enseñó a apreciar la belleza de la montaña y, sin pretenderlo, me animó a caminar lejos.

Y a Cédric, por hacerme volver a creer en lo imposible.

1

Es un viernes treinta de agosto cuando aterrizo en Ginebra a primera hora de la mañana. En las últimas tres semanas han sucedido muchas cosas que todavía tengo que asimilar. Dispongo de cinco horas antes de coger el autobús que me llevará de vuelta a Aosta. De vuelta, sí, pues hace tan sólo tres semanas que estuve allí, al igual que en Ginebra, antes de volar a Barcelona decidida a dar un giro de ciento ochenta grados a mi vida.

El sol calienta con fuerza y me obliga a prescindir de las capas de abrigo que llevo puestas, cual cebolla. Reorganizo la mochila para hacerles sitio y me la coloco de nuevo sobre los hombros, inclinándome ligeramente hacia adelante para ajustar las correas, primero, alrededor de mi cintura y, después, del pecho. No pesa mucho, aunque sí más del diez por ciento de mi peso corporal, el límite que recomiendan no sobrepasar para no sobrecargar las articulaciones. De todos modos, quienquiera que fuese el que diseñara las mochilas de trekking por primera vez sabía lo que hacía, pues benditas correas, que reparten el peso y permiten caminar con mayor ligereza.

La vez anterior no tuve ocasión de visitar la ciudad, así que aprovecho para caminar junto al lago de Ginebra.

Me detengo cerca de su famosa fuente Jet d'Eau y observo a turistas caminar junto al chorro de agua hasta quedar empapados. Tampoco se me escapan los colores del arcoíris que se intuyen en la cortina de agua e intento captarlos sin suerte a través del cristal de mi cámara.

Atravieso el jardín inglés, donde encuentro una feria de comida al aire libre, todavía dormida, y el reloj de flores, símbolo de la ciudad. De ahí me dirijo hacia el centro histórico, que recoge las tiendas para los bolsillos más pudientes, así como una amplia gama de chocolates y, cómo no, navajas suizas. Me decido a comprar una navaja plegable de acero inoxidable bajo la atenta mirada de un señor mayor que, tras observar detenidamente la palma de mi mano a través de unas singulares gafas circulares, decide que "el número 8 es el modelo ideal para usted, señorita". Guardo a mi nuevo compañero de viaje en uno de los bolsillos externos de la mochila y, unos pasos después, descubro que tres escaparates de exquisito chocolate superan mi umbral antes de sucumbir a semejante manjar; sólo espero que el sol no se lo coma antes de que lo haga yo.

Encuentro una terraza cerca de la estación de tren y autobuses y me siento a la sombra para comer algo antes del viaje. Me atiende un chico joven que me anima a comprar café para, así, regalarme una taza. La oferta es tentadora, y eso que el chico desconoce que soy una fan de las tazas, pero la razón se impone y me veo obligada a decir que no. ¿Quién, en su sano juicio, recorrería Italia cargando con un paquete de café y una taza que, no sólo pesa, sino que además se puede romper?

El conductor no es una de esas personas encantadoras y refunfuña cuando me ve sentada en uno de los asientos de la ventana de la primera fila. Me gusta ir sentada ahí siempre que tengo ocasión para disfrutar al máximo de las vistas, pero hoy me veo obligada a cambiar de asiento para evitar una confrontación con el conductor, a pesar de que los billetes no van numerados. No por ello me siento menos alegre y sonrío, también por él, en un intento de contagiarle mi buen humor. La cordillera alpina es magnífica y el viaje, de tres horas de duración, es todo un espectáculo para la vista que sabe a poco cuando una se dedica a imaginar ese mismo lugar vestido de otoño, invierno y primavera. Siempre es buen momento para soñar. En mi caso, diría que estoy viviendo en un sueño en el que todo es posible y del que no quiero despertar, no ahora, no antes de caminar hasta Roma.

2

Camino con prisa por las calles de Barcelona para llegar puntual a la consulta del ortodoncista, aun a sabiendas de que me tocará esperar una eternidad antes de que me atienda, como de costumbre, pero ya no me importa. Escojo una revista de triatlón y me dirijo al apartado de nutrición. Jaume, el ortodoncista, es triatleta y siempre cuenta con los últimos números, que intento devorar en media hora, para lo cual es importante priorizar. Esta vez analizan para los lectores las ventajas e inconvenientes de la dieta cetogénica, basada en una alimentación rica en grasas a expensas de restringir la ingesta de carbohidratos del deportista. Cuando empiezo a leer sobre cómo mejorar la técnica de nado, el nombre de Carlota suena en la sala. Es Débora, que asoma la cabeza a través de la puerta y, en el momento en que me levanto, la abre del todo para invitarme a pasar. La sigo hasta la última consulta del pasillo, la misma donde me visitaron por primera vez hace ya cinco años. Se reproduce el ritual de las últimas visitas, cada vez más espaciadas, en las que Débora revisa el estado del retenedor, de los bio que llevo por la noche desde que me retiraran la ortodoncia. No he notado nada raro y así se lo hace saber a Jaume, que acude después de que le hayan pasado el parte para ver cómo estoy y darme el alta definitiva. No lo esperaba y en mi interior comienza a librarse una batalla de emociones encontradas. Prima, por un lado, el deseo de acabar con todo aquello, de cerrar un capítulo largo y cargado de dolor y sufrimiento; por otro, la rabia de saber que el resultado no es el que esperaba inicialmente, el deseable, pero que, en mi caso, es el definitivo y el mejor con el que podía soñar hace dos años.

Jaume se centra en lo positivo e intenta quitar hierro al asunto aludiendo al Camino de Santiago, que quise y pude realizar recién acabada la especialidad en Farmacia Hospitalaria en el Hospital Clínic en mayo del 2017. Por aquel entonces, apenas podía comer con normalidad, pero estaba decidida. Disponía de tiempo para hacerlo entero y sentía que era el momento, un cambio de etapa que requería del reencuentro con mi yo interior. Pero también era mi vía de escape, pues a la vuelta me esperaba el quirófano y el periodo anterior ya había sido demasiado tedioso como para no necesitar a gritos un soplo de aire fresco, un chute de energía que me permitiera afrontar esta segunda cirugía un año después de la primera. En ello pensaba cuando Jaume empezó a hablar de Italia como otro lugar con multitud de caminos para recorrer, pero me quedé con las ganas de conocer los detalles, pues era un amigo suyo y no él quien los había recorrido. Lo suyo es la bicicleta y enseguida pasó a detallar su participación en la Quebrantahuesos, que sólo se perdió el año en que se fracturó la pelvis en un accidente.

Abandono la consulta tarde, sobre las ocho, pero estamos a mediados de junio y es de día, lo cual me anima. Es miércoles y, aunque suelo ir a Body Combat los jueves, decido que es un buen día para probar la clase que da Cesc a las ocho y media. Es posible que dar puñetazos al aire no solucione nada, pero, sin duda, hace que me sienta mejor. Es una disciplina que exige concentración y fuerza y, en este momento, necesito alejar los pensamientos de esa consulta y si, además, hace que me sienta poderosa, fuerte, eso ya son palabras mayores, lo que llamaría un plus de los grandes, una lotería que no se gana todos los días.

Llego a casa agotada y, cuando me acuesto en la cama después de cenar, mi mente vaga por los caminos de Italia y me duermo pensando en si tienen nombre como el de Santiago, si estarán igual de abarrotados y bien señalizados…y me propongo averiguarlo, más pronto que tarde.

3

El autobús se detiene en Aosta, mi parada, antes de continuar su recorrido hasta llegar a Turín. Mis piernas agradecen el movimiento y, junto con mi mochila azul de siete kilos con casi todo lo necesario para las próximas semanas, me dirijo hacia la oficina de turismo. Medité sobre qué llevar dos días antes de mi partida, cuando me decidí a comprar el billete de avión de Barcelona a Ginebra. La primera lección que una aprende cuando comienza a caminar hacia Santiago, en mi caso desde el Somport, en el Pirineo Aragonés, es que todo artículo con el apellido "por si acaso" debe ser descartado. Aparte del saco de dormir, la capa para la lluvia, tres mudas de ropa interior, camisetas, calcetines, pantalones cortos (unos largos desmontables), tres prendas de abrigo (camiseta térmica, polar y cortavientos), una linterna frontal, un neceser con los artículos de aseo y jabón para lavar la ropa y la cartera para subsistir, no hay nada que el camino no pueda proporcionar. Sólo espero que esa lección aprendida en mi camino hacia Santiago hace dos años sea igual de válida para el camino que me he propuesto realizar en Italia, y mi intuición me dice que es así, pues, al fin y al cabo, sólo hay un camino, el camino de la vida. Durante los treinta días que caminé hacia Santiago me serví únicamente del contenido de mi mochila, que no se parecía ni por asomo a aquello a lo que estaba acostumbrada en mi día a día. La segunda y, quizá, más importante lección que aprendí es que la comodidad no da la felicidad.

El bullicio interrumpe el hilo de mis pensamientos y me alerta de que he llegado al centro de la ciudad. Es media tarde y, aunque no hay tanto turismo como el que dejé atrás aquel día de principios de agosto, se ven muchos italianos comprando y tomando algo en las terrazas de la calle principal. En ella se sitúa la oficina de turismo, donde entro para preguntar si tienen credenciales de la Asociación de la Vía Francígena. Para mi alegría, todavía disponen de algunas y me facilitan una después de rellenar mis datos como peregrina. Salgo de allí relajada y con una sonrisa en la cara; ahora mi mochila está completa, ya tengo todo lo necesario para llegar a Roma o, al menos, intentarlo.

Tengo alojamiento reservado para la primera noche en el convento St Joseph, muy cerca de donde me encuentro. Hago sonar el timbre al llegar y una hermana me recibe, cordial, y me anima a entrar hasta un despacho donde, tras realizar las gestiones administrativas, me entrega una llave con el número trece; me río al recordar que la pequeña Carlota, mi sobrina y ahijada, nació el 13 de junio de este año, el día de San Antonio de Padua. La llave corresponde a una habitación ubicada en el segundo piso, con cama, escritorio, baño y vistas al claustro y a las montañas como telón de fondo. Salgo a dar un paseo por la ciudad sin perder de vista la hora, pues la hermana me recuerda que debo estar de vuelta antes de las diez, hora en que cierran la portería. No es problema, pues quiero acostarme pronto. Mañana me gustaría llegar a Chatillon, a unos treinta kilómetros de distancia de Aosta, y debería empezar a caminar temprano si no quiero hacerlo durante las horas de más calor en las que, sin duda, cada paso se vuelve más pesado.

4

"Carlota, no corras tanto, que no tenemos ninguna prisa" oigo a mi padre gritar desde abajo, junto a mi madre. Hace rato que los he dejado en el camino que bordea las pistas de esquí y que avanza lentamente por la ladera hasta alcanzar la cima del Tobazo, en Candanchú. Me he desviado del camino para seguir el atajo que tanto me gusta, y que asciende en línea recta, verticalmente, hacia el primer telesilla. Jorge me sigue y eso me gusta, pues el disfrute siempre es mayor en compañía de mi hermano pequeño. Todavía no ha dado el estirón y eso le impide alcanzarme, pues soy la más alta de los dos.

Hace sol y las laderas lucen un manto ocre salpicado de lirios violetas. Inspiro intentando retener su aroma y a mi mente acuden recuerdos del pasado invierno, de los dos empujando el trineo de competición de papá, rodeados de ciervos y debatiendo sobre quién lo conducirá primero y quién se dejará llevar, para acabar siempre igual, revolcados en la nieve, deseando repetir la bajada a toda velocidad. Todo lo hacemos juntos, desde jugar al fútbol en el espacio reducido de la habitación que comparto con mi hermana, hasta pescar en la playa, montar en bicicleta, jugar a los walkie talkies cual espías en una misión…Mi hermana

Patricia es tres años mayor que yo y cinco años mayor que Jorge, y se nota, pues hace cosas de mayores, además de ser la más responsable de los tres con diferencia, pero también la que carga con más culpas así que, si tengo que elegir, me quedo donde estoy. Siempre he pensado que del sándwich el relleno es lo mejor.

Espero a Jorge en el telesilla y, cuando llegan papá y mamá, reemprendemos nuestra marcha hacia el segundo telesilla, junto a la cima. Allí siempre sopla viento y, en invierno, es frecuente que las nubes estén bajas, fenómeno conocido como raca en esta zona, tan odiosa para esquiar por entorpecer la visibilidad. La vegetación es humilde a esta altura pero, de vez en cuando, se ven flores Edelweiss, que recuerdan al terciopelo, y cuyo nombre asocio con el hotel ubicado en lo alto de Candanchú, al que vamos a celebrar la Nochevieja, cuya bolsa de cotillón supera, para mi gusto, a la cena.

El aire agita los cabellos dorados y rizados de una niña que, junto a su hermano, se desvanece, al igual que todo lo demás, mientras la alarma del despertador se hace más y más ensordecedora. Abro los ojos y veo las montañas a través de la ventana y, por un momento, pienso que sigo en Candanchú, hasta que comprendo que es un sueño de la infancia. Las montañas que asoman por la ventana son las de Panticosa, ni más ni menos hermosas, diferentes, otras, pero me atraen con el mismo magnetismo con que me atraían el Tobazo, el bosque de las hayas, el ibón de Estanés, Selva Verde...

Todavía es de noche cuando me levanto y me preparo para salir de casa. Escojo unos pantalones cortos y una camiseta de manga corta, que me coloco sobre el bikini, y me llevo una sudadera sobre los hombros, junto con una mochilita con agua, tortitas de arroz con chocolate negro y un plátano. Avanzo por la carretera hacia las pistas y dejo atrás a un telesilla con forma de huevo inmóvil, para continuar ascendiendo por el camino más corto y, por ello también más empinado, en dirección al ibón de Sabocos y al lago de los Asnos. Ya no soy una niña, pero subo con la misma ligereza e ilusión por llegar a la cima y, una vez en ella, parar, respirar, desconectar, y sentir cómo todo se ordena. No encuentro a nadie en el camino, tan sólo las vacas de Luis, el ganadero del pueblo, y unos hermosos caballos que pacen tranquilamente junto al lago. Conforme me aproximo a este, un sonido agudo me sobresalta, el de una marmota que da el aviso de mi presencia en un paraje hasta ahora tan desierto como dormido. Me siento junto a la orilla, con los caballos frente a mí y el agua verde esmeralda a mis pies. Es pronto, mientras el huevo no abra y se ponga en funcionamiento no espero ver a nadie, por lo que aprovecho para sumergirme en el agua. Noto cómo la energía entra y sale en contacto con la naturaleza y, aquí, donde el aire es puro, me siento como una pila recargable conectada a una toma de corriente; más viva que en cualquier otro lugar.

5

Me despierto con la alarma del despertador y, por primera vez en mucho tiempo, me cuesta esfuerzo levantarme. Me noto cansada y me duele la garganta. He pasado la noche entre escalofríos, toses y fiebre, por lo que decido darme una ducha para templarme. Cuelgo el saco de dormir, húmedo por el sudor, del marco de la ventana para que se seque mientras tanto. Al hacerlo, veo dos figuras hablando en el claustro, dos peregrinos preparados para empezar a caminar. La mujer me llama la atención porque viste una falda de tenis que revela unas piernas extremadamente delgadas y habla o, más bien grita, en un inglés con acento americano. Él no parece prestarle demasiada atención, más bien parece aburrido con la conversación. Mientras se dirigen a la salida del convento, me doy prisa por recoger todo dentro de la mochila. Me dejo unas galletas y una manzana al alcance de la mano para tomarlas a modo de desayuno una vez iniciado el camino, pues en este momento mi estómago está cerrado. No esperaba empezar el camino de esta guisa pero, de nuevo, me digo: "no controlas nada, las cosas vienen como vienen y, aunque ahora mismo no las entiendas, llegará un momento en que lo harás". No creo en la casualidad, pero sí en la causalidad, me gusta creer que todo ocurre por alguna razón. En el caso del catarro, la gota fría que cayó en Barcelona hace dos días, justo cuando volvía caminando hacia casa, sin paraguas, pudo tener algo que ver; o el aire acondicionado del avión, del autobús… quién sabe. Tampoco es importante y no lo puedo cambiar, tan sólo cuidarme, así que lo acepto y sigo adelante.

Abandono el convento, no sin antes despedirme de alguna hermana con quien me topo de camino a la entrada. Abro en el móvil la aplicación de la Vía Francígena para repasar la ruta que he de seguir hoy para llegar a Chatillon y la dejo en segundo plano para confirmar, de tanto en tanto, con el GPS, mi correcta ubicación en el plano.

La salida de Aosta es sencilla, pues recorre la calle principal Vía Porta Pretoria hasta alcanzar el Arco di Augusto, donde comienzan las señales amarillas, correspondientes a la vía 103, que debo seguir durante la etapa de hoy. El camino discurre por las alturas, por lo que giro sobre mis talones con frecuencia para disfrutar de la espectacular panorámica a mi espalda, las magníficas montañas que caracterizan al Valle de Aosta. Un globo aerostático da una nota de color al impoluto cielo azul, que augura un caluroso último día del mes de agosto, y no se equivoca. Salvo un par de tramos en sombra que conectan los dos primeros pueblos, que diviso sólo desde la periferia, pues el camino no los atraviesa, el resto del recorrido, por lo general ascendente, transcurre a pleno sol. Quizá por ello, o bien porque estoy en baja forma, resfriada, y no encuentro ningún lugar en el camino donde parar para reponer fuerzas, la caminata se me hace dura. El chocolate suizo y una barrita energética de dátiles y anacardos me ayudan a mantener la energía en un camino precioso que pasa por Quart, Nus, Oly, Fenis y Chambave, repletos de castillos, fortalezas e iglesias que amenizan el recorrido. Cuando atravieso el último pueblo antes de llegar a Chatillon, el que es mi destino hoy, el sol me abrasa la piel y estoy hambrienta. Por ello, no me lo pienso dos veces antes de entrar a un bar que encuentro abierto en Chambave. El menú de mediodía que me dicta la camarera en italiano tiene buena pinta, al menos, la parte que he entendido. Todo me sabe rico, tanto la pasta, como el atún a la plancha con verduritas, así como el estrúdel de manzana que pido de postre. Junto a mi mesa, a muy poca distancia, está sentada una pareja que habla francés. Noto la mirada intensa de él, lo que me faltaba. Me centro en comer y, cuando me dirijo al baño, noto que él hace lo mismo. Es de mediana edad, a diferencia de la mujer sentada frente a él, que calculo que tendrá más de sesenta, por lo que deduzco que son madre e hijo. Me saluda en francés y, sin saber por qué, le contesto en un italiano imperfecto. Quizá porque estamos en Italia, quizá porque mi francés del colegio está en la punta de mi dedo gordo del pie, quizá para llevar la contraria, quizá por el simple hecho de querer evitar tener una conversación con él.

Aprovecho para mirar un lugar donde alojarme en Chatillon mientras reposo la comida y, para mi sorpresa, sólo veo Bed & Breakfast. La parroquia franciscana cuenta con tres camas, pero las hermanas me informaron de que ya estaban reservadas. Miro la página de Facebook de la Vía Francígena y encuentro una reseña que recomienda un B&B llamado Au Coin du Chateau. Sin dudarlo, llamo para preguntar. La persona que contesta el teléfono no habla inglés y la conversación en italiano y castellano no es muy fluida, pero mejora cuando se pone al teléfono otra persona con la que puedo comunicarme en inglés. Tienen disponible una habitación de dos camas que estará preparada para mí en un par de horas, así que cuelgo el teléfono sonriendo y me preparo para afrontar la última hora y media de camino.

Unas nubes han ocultado el sol y eso me anima, pues no hace tanto calor, aunque el sendero asciende enseguida con bastante pendiente y mi estómago se queja por importunarlo en su intento por digerir la reciente comida.

Llego a Chatillon antes de lo previsto y, aliviada por el cansando y la necesidad de acostarme un rato, busco la dirección del hotel en Google Maps y sigo sus directrices hasta una casa privada sin posibilidad de acceso. Pruebo a introducir el nombre del hotel en vez de su dirección y obtengo otro resultado, que sigo esperanzada, pero tampoco encuentro el hotel al llegar a la meta marcada en el mapa, lo cual me resulta extremadamente frustrante. Agotadas las opciones tecnológicas, decido ser práctica y llamar al número del hotel. Me pasan directamente con la chica joven con la que he hablado antes en inglés, que me aconseja dirigirme al Castillo Gamba, donde me recogerá su madre, la dueña del establecimiento. No sé por qué extraña razón decido volver a confiar en Google Maps para llegar al castillo en cuestión, pero no sale bien y acabo bordeando una carretera hasta una arteria principal con mucho tráfico que me veo obligada a cruzar para alcanzar el punto de partida. Allí encuentro a dos señores mayores, a los que enseño desesperada el nombre del hotel y, con una sonrisa, me indican la dirección en la que está ¡a tan solo unos pasos!

Anna es la propietaria del B&B, junto con su marido Egidio, aunque la persona con la que me he comunicado en inglés es su hija que, por lo que me cuentan, tiene mi edad. Anna se disculpa por la confusión nada más verme y me siento culpable por mi torpeza, aunque el cansancio se impone y ella lo nota. Se ofrece a traerme algo del supermercado para la cena, "porque no hay nada cerca y así no tienes que desplazarte de nuevo" me dice. Mi habitación es preciosa, recuerda a la Navidad, con paredes y techo de madera, decorada en tonos rojos, verdes y blancos. Junto a ella está el baño, que no puede estar más limpio ni ser más grande y, de nuevo, observo un trineo de madera sobre el que han apoyado las toallas limpias y el papel higiénico. Dispongo de toda la planta para mí sola, donde también se encuentra la cocina y una terraza con tendedero y una zona donde sentarse a tomar algo. Este lugar es un sueño, un lujo para una peregrina, y sus anfitriones, Anna y Egidio, encantadores.

Cuando salgo de la ducha, encuentro sobre la mesa de la cocina una nota de Anna, en la que me indica que me ha dejado pan, tomates y mozzarela para la cena, y que encontraré lo necesario para aliñar la ensalada en el armario. Ceno y me acuesto pronto, para dar a mi cuerpo el descanso que pide a gritos. Parece que mis pulmones también, pues apenas toso por la noche y me despierto por la mañana con energía renovada. En la cocina me esperan Anna y Egidio. Me han preparado un desayuno de lo más completo, con brioche, panes de distinto tipo para acompañar con mantequilla, mermelada, aceite de oliva, miel, o Nutella, así como jamón y queso, fruta, zumo y café con leche. También me han preparado un bocadillo de jamón y queso junto con fruta para el camino, al que me acompañan para despedirse.

Anna me pregunta por la situación actual en Barcelona, pues su hija viajará allí la próxima semana. La abrazo con un profundo y sentido "gracias" sumado a un "todo irá bien" y, mirándome a los ojos, me pide que rece por ellos al llegar a San Pedro. Egidio insiste en que me cuide y me mantenga a salvo, ligeramente preocupado ante el hecho de que camine sola. Cómo detesto las despedidas, pero ¿quién me iba a decir a mí que unas horas bastarían para una despedida de lo más emotiva?

6

Salgo de casa cinco minutos más tarde de lo habitual, por lo que me toca apretar el paso para cubrir los casi cinco kilómetros de distancia que hay hasta el hospital. Desde que trabajo en Esplugues de Llobregat me cuesta cuarenta y cinco minutos llegar a pie, y lo mismo la vuelta. Pero prefiero caminar al autobús, que utilizaba al inicio y, en el que acababa desesperada, entre el tráfico, cortes de carretera, manifestaciones, colegios con coches aparcados en segunda y tercera fila entorpeciendo la circulación. Detesto la impuntualidad y, por ende, acabé detestando al autobús que me hacía llegar tarde día tras día, aun saliendo cuarenta minutos antes de casa. Al final, llegué a la conclusión de que me compensaba invertir cinco minutos más para llegar al trabajo haciendo una de las cosas que más me gusta: caminar.

Hace poco más de siete meses que empecé a trabajar en el Hospital Sant Joan de Déu de Barcelona y, sin embargo, tengo la sensación de llevar toda una vida en él. A veces, me pregunto cómo he llegado hasta aquí y la respuesta no deja de sorprenderme. Entonces recuerdo a mi profesora de Física del colegio, Maite, cuando me dijo "no te preocupes, la vida te lleva". Y tenía razón. A veces, basta con saber lo que una no quiere para que lo demás llegue rodado, eso sí, una ha de dejarse llevar, pues de lo contrario no funciona. Y yo me dejé llevar hace dos años. Fue en octubre de 2017, tras haber recibido en mayo el título de especialista en Farmacia Hospitalaria, después de cuatro años trabajando como farmacéutica interna residente en el Hospital Clínic de Barcelona. Dejé la búsqueda de trabajo para después del verano, pues tenía asuntos pendientes que urgían y requerían tiempo, como una segunda cirugía el cuatro de julio y, antes, necesitaba tiempo para mí, que iba a invertir caminando hacia Santiago. Pero me dejé llevar más tarde cuando, ya recuperada y con las vacaciones olvidadas, empecé a pensar en lo que quería hacer. Disponía de tiempo, pues había vuelto a casa de mis padres, que me animaban a hacer algo que me gustara; en el caso de mi padre, me animaba a trabajar por mi cuenta, como mi propia jefa. Yo sentía que para eso había que ser un visionario, como él, mientras que yo siempre había encajado más en el prototipo de hormiguita obrera o ratón de laboratorio.

Desde que acabara mis estudios de Farmacia y Nutrición en la Universidad de Navarra, en Pamplona, y opositara para el FIR, mi vida profesional se había centrado en el hospital, incluso las prácticas de la carrera que hice en Londres fueron en el Hospital St George's. No estaba convencida de querer seguir en esa línea, así que decidí cambiar y darle una oportunidad a la oficina de Farmacia cubriendo una sustitución por vacaciones de la farmacéutica titular. Fue así como de octubre a noviembre de 2017 trabajé como farmacéutica en una Farmacia de Calatayud y, si bien el trato con los pacientes me gustó, pues sentí que la gente enseguida me cogió cariño, también sentí que dedicaba la mayor parte de mi tiempo a quitar cupones precinto de las cajas, hacer pedidos e inventario. Aquello no me llenaba. Así que, cuando acabé la sustitución y volví a casa, una casa en la que no se me daba bien estar sin hacer nada, y vi una oferta para cubrir una baja maternal en el Hospital de la Santa Creu i Sant Pau, no lo pensé y opté a ella. Le daría a aquello para lo que me había formado, la Farmacia Hospitalaria, una segunda oportunidad. Al fin y al cabo, ¿no merecemos todos una segunda oportunidad? Además, iría a otro hospital y ningún hospital es igual a otro, así que había posibilidades de que esta vez fuera mejor. Y lo fue, la gente me acogió maravillosamente bien y aprendí a evaluar medicamentos con un nivel de análisis muy alto, no sólo para la comisión interna del hospital sino también para el Servicio Catalán de la Salud. Maite no sólo sabía de Física sino también de la vida, cuánta razón tenía. La baja maternal en el Hospital Sant Pau acabó a los cuatro meses, pero me abrió las puertas del CatSalut y de la que es mi casa ahora, un hospital pediátrico de referencia a nivel nacional e internacional. Cuando llegué, el Director Médico me encomendó la tarea de iniciar una Comisión de medicamentos en situaciones especiales (CAMSE), al mismo tiempo que colaboraría con CatSalut en la evaluación de medicamentos huérfanos innovadores.

Ahora, sentada frente al ordenador, me cuesta apartar la mirada de la lista de tareas pendientes que, lejos de disminuir, crece con cada ojeada. Consulto la agenda de hoy, aunque me la sé de memoria. A las once de la mañana tengo reunión de la CAMSE para valorar seis peticiones de medicamentos en situaciones especiales y, dos horas más tarde, reunión de la Comisión Farmacoterapéutica (CFT), de la que también soy responsable, y en la que valoraremos quince protocolos y peticiones para incorporar medicamentos que no están en la guía del hospital. Estoy aprendiendo mucho, sobre todo, de enfermedades raras, así como entresijos y triquiñuelas de la industria farmacéutica, pero sé reconocer cuándo algo es insostenible y mi puesto de trabajo lo es. Hace meses que intuía que no podría hacerme cargo de la CFT con el número de peticiones que debía atender semanalmente de la CAMSE, sin perder de vista el trabajo que debía hacer para el Servicio Catalán de la Salud. Pero mi jefa en el hospital era optimista, creía que el número de peticiones disminuiría con el tiempo, pues el embudo que me esperaba al entrar pasaría, decía. Pero nada más lejos de la realidad, pues los médicos aprendieron a respaldarse en la Comisión para descargar en ella la presión que recibían de pacientes y asociaciones de pacientes. Y esa presión recae ahora en mí, sin escudo lo suficientemente fuerte como para frenarla y evitar que me repercuta física y emocionalmente.

7

Camino por las calles de Châtillon acompañada por el recuerdo de Anna y Egidio y su cariñosa despedida. No les puedo estar más agradecida por la acogida y el trato recibidos. Es el primer día de septiembre y luce el sol, aunque a esta hora de la mañana acaricia mi piel sin llegar a quemarla. El recorrido marcado por la app parte de la iglesia y asciende hasta alcanzar la ruta 103, con esas señales amarillas tan características que indican el tiempo que resta hasta el siguiente pueblo. Algún tiempo aumenta, lejos de disminuir en algún tramo y me río pensando en lo distraído que andaría quienquiera que fuese la persona encargada de colocarlas a lo largo del camino. Por lo general, avanzo más rápido que lo indicado por las señales y me pregunto en qué basarán el paso medio o la longitud de una zancada, ¿acaso no depende de la altura de la persona que camina, entre otros factores condicionantes, como su edad, sexo, forma física? Resuelvo que informar del kilometraje restante en vez del tiempo restante sería, a mi modo de ver, más apropiado, como en el Camino de Santiago. Luego, cada cual puede hacer sus cálculos teniendo en cuenta sus capacidades y asumiendo sus limitaciones, como las ampollas del peregrino, ¡Dios me libre de ellas! Con la fascitis plantar y la tendinitis peroneal de mi pie izquierdo ya tengo suficiente por ahora, aunque me siento afortunada, pues las taloneras de silicona que me recomendó el traumatólogo son efectivas y apenas siento dolor mientras camino.

De nuevo, el descenso del Valle de Aosta, continua, curiosamente, por las alturas, hasta Saint Vicent. Todavía no he decidido dónde me detendré, si en Verrès, a veintidós kilómetros de Chatillon aproximadamente, o si continuaré hasta Pont-St-Martin, quince kilómetros más allá. Lo prefiero así, sin ataduras, escuchando a mi cuerpo y decidiendo en base a cómo me siento.

El sendero de hoy es precioso, a modo de pasarela con una barandilla de madera a la derecha y, a la izquierda, poblada vegetación que simula el lóbulo de un pulmón, y en la que se integran espacios de picnic e incluso gimnasios al aire libre. Quién pudiera disfrutar de ellos a diario, con semejantes vistas, silencio y aire puro. Una flecha amarilla señala Saint Vicent a quince minutos y, unos pasos más allá, veo a un peregrino asomado a la barandilla, cámara en mano, enfocando. Tan centrado en el paisaje que, cuando lo saludo con un "Buen camino", como solía hacer de camino a Santiago, no recibo respuesta. Qué diferencia, tal era la afluencia de peregrinos caminando a Santiago, que allí lo decía constantemente, mientras que aquí no había tenido ocasión de decirlo hasta ahora. Es el primer peregrino al que encuentro en el camino en los dos días que llevo caminando y me ignora; todo apunta a que lo que he leído sobre la Vía Francígena es cierto, y que va a ser un camino en solitario, con lo que ya contaba, pero, visto lo visto, quizá también en soledad. Me pregunto cómo será caminar por la campiña inglesa y francesa si, aquí, en Italia, donde la vía es conocida, apenas hay peregrinos. ¿Permitirá, acaso, experimentar una vida contemplativa?

El móvil suena e, inmersa como estoy en mis pensamientos, doy un brinco del susto. Lo cojo y un Egidio exaltado me habla en italiano al otro lado. He olvidado el champú en el baño del hotel e insiste en traérmelo dondequiera que me detenga. Le digo que no merece la pena e insisto para que se lo lleve su hija a Barcelona, pues le resultará más cómodo por su formato de viaje. Pero está decidido a traerlo en coche y, tras cuatro infructuosas negativas por mi parte, me doy por vencida.

Todavía no me he repuesto de la sorprendente llamada cuando me alcanza el peregrino al que daba por mudo, hasta que empieza a hablarme en infinidad de idiomas tratando de dar con uno común. Distingo en sus saludos inglés, francés, y otra lengua que me recuerda al alemán, todos ellos acompañados de una cálida sonrisa. No, no es su sonrisa, sino su mirada la que transmite calidez, curiosidad de niño y timidez de adulto. Distingo unos ojos verdes bajo ese sombrero que lleva para protegerse del sol, a lo Indiana Jones, junto a una camisa roja a cuadros de manga corta y unas bermudas azul marino. Si no fuera por la mochila, que parece pesada, nadie diría que es un peregrino.

Nos comunicamos en inglés y, aunque no es la lengua materna de ninguno de los dos, la conversación es fluida y amena, hasta el punto de desviarnos del camino por andar distraídos. Él me confiesa que caminaba perdido hasta que me vio por segunda vez, y me pide perdón por la primera, alegando que yo fui más rápida en pasar junto a él de lo que fue él en reaccionar. Reímos por la graciosa escena hasta que nos interrumpe una alarma, la suya. Me explica que se ha propuesto fotografiar aquello que ve a las 10 y 15 horas, como parte de su proyecto fin de carrera de Fotografía, que consistirá en una exhibición de esas fotografías en una galería el próximo mes de junio del 2020. No me libro de posar para ser yo, en esta ocasión, la protagonista de su historia contada en imágenes. Lo que no preveía era serlo también a las tres de la tarde.

8

Me cuesta creer que ya estemos en verano. Hace dos años que no disfruto de unas vacaciones en condiciones; dos semanas han sido el máximo tiempo del que he dispuesto para mí en esos dos años, y no de forma seguida. Una para las fiestas del Pilar, el año pasado, y otra en Navidad. Como buena mañica, me ilusiona vestirme de baturra para llevarle flores a la Virgen del Pilar en su día, el 12 de octubre, una cita a la que no puedo faltar desde que comenzara a hacerlo hace tres años, con la ayuda de mi madre y, sobre todo, de mi abuela. Me entristezco al pensarlo y miro al cielo. Los árboles, mecidos por un tímido viento, marcan el trazado de mi vuelta a casa por la Avenida Diagonal. Me anclo a esa imagen para centrarme en mi respiración y sonrío, como a ella le hubiera gustado, con su imagen y voz en mi mente: "Carlotita, vida mía, ¿dónde se va mi niña de vacaciones?" Si tú supieras, yaya, que queda un mes para que empiecen y aún no lo he decidido. Pero no tengo tiempo para planificar nada, con tantos temas por cerrar en el hospital, lo que reduce mucho las opciones de viaje.

Viajar, una de mis palabras favoritas, rica por definición, algo que solía hacer con frecuencia para aprender idiomas, por placer, con mis padres y hermanos, con mi hermana, amigas, o en solitario. Me cuesta recordar la última vez que volé a algún lugar. Puede que fuera antes de acabar la especialidad en el Clínic, con Maite, cuando fuimos a Londres de fin de semana, simplemente para volver a disfrutar de esa carismática, multifacética y preciosa ciudad.

Ahora sólo me apetece desconectar del trabajo y pienso en coger una mochila y empezar a caminar, sin preocupaciones, sin nada planeado, salvo el origen y el final del viaje. Sueño con caminar de Irún a Santiago, siguiendo el Camino del Norte, o de León a Santiago, enlazando el Camino de El Salvador con el Camino Primitivo, primero, entre las montañas de los Picos de Europa y, luego, por el primer camino que, según dicen, es uno de los más bonitos. El problema es que el Camino de Santiago está masificado en el mes de agosto, el único mes del año libre de reuniones de las distintas Comisiones y, por tanto, el único momento en que puedo marcharme. Descarto esa posibilidad y pienso en los caminos de Italia de los que me habló Jaume. Busco en Google "Caminos en Italia" y leo "Guía breve de la Vía Francígena por Italia y sus variantes" como segundo resultado. Devoro su contenido y comprendo que la vía empieza mucho antes de llegar a Italia, donde transcurre la segunda mitad del camino, compuesta de cuarenta y cuatro etapas o días de camino. Tendré que conformarme con recorrer una parte pero, ¿cuál? La Toscana aparece como la zona mejor señalizada y me atrae especialmente, sobre todo, después de ver la película "Bajo el sol de la Toscana" y, más aún, después de que mi amiga Belén la visitara con Pablo y Javier, y volvieran hablando maravillas de sus paisajes, paisanos y comida.

Decido investigar más y encuentro dos grupos en Facebook, "Via Francigena" y "Women of the Via Francigena", donde todo peregrino es libre de compartir sus experiencias sobre la vía, también conocida como Camino de Roma; en el segundo caso, sólo mujeres, con consejos para caminarla de forma segura. Así es como descubro el origen de la peregrinación a Roma, con el obispo Sigerico, en el año 990, aunque el camino ha cambiado mucho desde entonces, con multitud de variantes. Aun así, las guías y aplicaciones de la Asociación Europea de la Vía Francígena hacen una propuesta que intenta ceñirse al máximo a la original, partiendo en Canterbury para llegar a Francia en ferry y, de ahí, a Suiza atravesando los montes de Jura y, más tarde, el Col del Gran San Bernardo para pasar a Italia. En total, la Vía Francígena cubre dos mil kilómetros de distancia desde Canterbury hasta Roma y es, junto a la de Santiago y Jerusalén, una de las peregrinaciones más importantes a nivel mundial.

He llegado a la puerta del piso que comparto con Gemma desde hace justo un año, en la Calle París y, mientras meto la llave en la cerradura, una idea va cobrando más y más fuerza en mi interior, la de caminar hasta Roma. Un rápido cálculo mental me dice que tendré que hacerlo en, al menos, tres veranos, pues no cuento con tres meses de vacaciones, los que necesitaría para caminarlo enteramente, contando con que necesitaría días de descanso al finalizarlo. Toca, por tanto, decidir. Y decido dejarme aconsejar por los que ya lo han recorrido. No soy una persona activa en redes sociales, pero en este caso reconozco que me son de gran ayuda. Con las respuestas de Barbara, Peter, Aaron y Jonas al post que publico en inglés en la página Via Francigena de Facebook, me decanto por empezar en Besançon, Francia, y caminar hasta el Valle de Aosta, Italia, en dos semanas. Me ilusiona la idea de cruzar dos fronteras a través de la montaña. La decisión está tomada y la niña que habita en mí, alegre, comienza a tararear las canciones que canta una libre y soñadora María en la película "Sonrisas y lágrimas".

Mis padres no comparten mi ilusión, teñida en su caso por la preocupación, pero respetan mi decisión. Me tocó la lotería en el momento en que nací, pues me han apoyado siempre, en todas las decisiones que he tomado, ofreciéndome su apoyo y amor incondicional. Tampoco mis hermanos comparten mi forma de viajar, pero también la respetan y con eso me basta.

Encuentro en el barrio de Gracia una librería especializada en viajes para hacerme, sin éxito, con una guía de la Vía Francígena. Casualmente, me topo en la calle con una antigua compañera de trabajo del Hospital Sant Pau y me habla de la librería Altair, en Gran Vía. "Es una pasada, enorme, seguro que allí encuentras lo que buscas; hasta tienen mochilas y tiendas de campaña, ni te lo imaginas" me dice entusiasmada. No está cerca de donde me encuentro y ya es algo tarde como para arriesgarme a ir hasta allí sin saber siquiera si tienen algo referido a la vía. Sin pensarlo dos veces, busco el número de teléfono de la librería y lo marco. Una chica joven escucha lo que necesito y, amablemente, consulta en la base de datos si disponen de algún ejemplar sobre la Vía Francígena o Camino de Roma. La respuesta es, por fin, afirmativa, y noto cómo la niña de mi interior salta, de nuevo, de alegría. Eso sí, no hay nada publicado en español, tan solo en inglés, italiano y francés. Tendré que conformarme con la guía en inglés de la Asociación Europea de la Vía Francígena; al menos, es de reciente edición, de diciembre del 2018. Con lo que no contaba es con que la guía disponible en inglés sólo incluye los últimos mil kilómetros de recorrido, en Italia, la parte final del camino que me he propuesto recorrer.

9

Pienso en Anthony y en lo que no quiero. Su actitud negativa, posesiva y emocionalmente inestable, fruto de una niñez marcada por una madre sobreprotectora y destructiva, que ahora lo hacían querer controlarme como si fuera suya. Estuve a punto de dejarme cortar las alas en un hipócrita anhelo de libertad mezclado con la curiosidad de una forma de vida desconocida y tentadora y, sin embargo, mi sexto sentido me hizo mantenerme a salvo, alejada de él. Hacía semanas que había cortado la comunicación con él y, sin embargo, sus mensajes me perseguían por los caminos de Italia. ¿Por qué será que cuando decidimos dar un portazo al pasado este siempre vuelve para amedrentarnos?

Pero allí estaba esa dulce, calmada, alegre, y curiosa mirada vestida de verde con reflejos ocres y un gris terciopelo marcando el límite de los sueños. Con su mirada, aquello que creía imposible se alza ahora ante mí para hacerme ver lo equivocada que estaba. Ignoro los mensajes de Anthony y, después de enviarlos a la carpeta de no deseados, me centro en el presente, sin ignorar el pasado, aceptando que soy la persona que soy también gracias a él.

El Indiana Jones de ojos verdes comenzó a caminar desde la puerta de su casa, a las afueras de Amberes, en

Bélgica, el 7 de julio. Es un apasionado de la comunicación y de la fotografía, con experiencia como editor en distintas empresas, la última Switch, pero actualmente trabaja como autónomo ayudando a empresas o particulares a promocionar el contenido de sus páginas web con el fin de lograr el mejor posicionamiento posible en los resultados de búsqueda en Google. Caminó a Santiago a sus veinte años, precisamente, hace veinte años y pensó que ahora, fin de una etapa y comienzo de otra, era el más oportuno para caminar hasta Roma. Los dos hemos decidido dar un salto al dejar el trabajo, en mi caso al vacío, en su caso con cinturón de seguridad, pues conserva algún cliente con el que empezar a trabajar a la vuelta. Él planificó el viaje durante meses y yo me decidí a comprar el billete de ida con dos semanas de antelación la primera vez y, en el caso de la segunda, dos días antes. Salvando estas diferencias, hablamos y reímos como si ya nos conociéramos, como si lleváramos toda la vida esperando encontrarnos.

Una flecha amarilla señala el pueblo de Montjovet abajo, a la derecha, si bien la Vía Francígena evita entrar en él para continuar hacia Verrès en línea recta, por las alturas. Él quiere desviarse para tomar un café, no sin antes presentarse como Cédric y hacerme grabar en el móvil su número de teléfono. "No dudes en llamarme para cualquier cosa que necesites" me dice, y parece sincero. Entonces la imagen de Egidio con mi champú se cuelan en mi mente y recuerdo que debo llamarlo; si lo hago desde Montjovet no tendrá que desplazarse tanto. Le digo a Cédric que me uno al café y creo reconocer un destello en su mirada. Nos sentamos en la terraza cubierta de un bar que encontramos a la entrada del pueblo, junto a una rotonda, desde donde observamos sorprendidos una procesión de músicos. Egidio no contesta, así que aprovecho para ir al baño, algo que no resulta fácil en el camino, por lo abierto que es, y ahora, también, por la compañía. Acompaño a Cédric a comprar pan al supermercado que hay al lado y, justo en ese momento, Egidio me llama y, con la ayuda del dependiente, consigo explicarle dónde me encuentro. Comparto con Cédric la historia del champú junto a mi bocata de jamón y queso en un parque situado junto al supermercado, hasta que suena mi teléfono y me dirijo corriendo al encuentro de Egidio. Éste sonríe al verme y me tiende el champú de Klorane formato viaje, a la vez que me planta dos besos en las mejillas y me invita a sentarme en la cafetería donde minutos antes estaba con Cédric. Al hablarle de él, me apremia a buscarlo, así que vuelvo a correr hacia el parque, en mi deseo de no hacerle perder tiempo. A nuestro regreso y, para mi sorpresa, ambos se enfrascan en una fluida conversación en francés. Egidio, como buen anfitrión, pide que nos sirvan una copa de vino blanco prosecco junto con un aperitivo, que consiste en una tabla de focaccia de distintos tipos, aceitunas y bocados de jamón y queso. Como sin hambre, en mi deseo de alimentarme, sobre todo, de lo que escucho o, mejor dicho, de lo que Cédric me traduce de su conversación con Egidio. Ambos se defienden en francés tan bien como en su lengua materna, italiano en el caso de Egidio y neerlandés en el de Cédric. Descubro que Egidio se gana la vida como guía de montaña y que disfruta entrenando tanto a militares como a corredores en su afán por finalizar en tiempo récord el ultra trail Tor des Géants, de trescientos treinta kilómetros y veinticuatro mil metros de desnivel, considerada una de las cinco carreras más duras del mundo. El tema no me puede interesar más y comparto con él mi pasión por la montaña y los trails de montaña, aunque sólo he corrido un par, el más largo de once kilómetros. Me cuesta correr, pero menos si es por senderos de montaña. Se asombra cuando le cuento que asciendo mil quinientos metros de altitud en hora y media para llegar al ibón de Sabocos, mi nuevo rincón de desconexión favorito, y nos confiesa que a muchos de los que entrena les resulta difícil ascender mil metros en una hora. Mientras comparte una segunda copa de prosecco con Cédric, y yo continúo con la primera, nos mira encantado con la idea de que ya no camine sola, y resalta en voz alta el proverbio africano que, hasta ayer, lucía en mi perfil de Whatsapp: "Si quieres llegar rápido, camina solo; si quieres llegar lejos, camina acompañado". Nos despedimos de Egidio no sin antes inmortalizar el curioso y anecdótico encuentro con una foto, para afrontar la última parte del camino en compañía de las risas, hijas de la alegría y hermanas del vino, y la dificultad añadida del calor de mediodía.

10

Aprovecho que es miércoles y estoy trabajando en la sede de CatSalut, situada en la Gran Vía, para pasar a recoger a la salida la guía que encargué en la librería Altair la semana pasada. No la localizo a simple vista, a pesar de que se encuentra justo enfrente, pues el escaparate no da a la calle y pasa inadvertido a los ojos de los que, como yo, desconocemos dónde está ubicada. Un olor a nuevo me envuelve nada más abrir la puerta, ese que tanto se disfruta cuando una inicia una lectura y se aventura a descubrir la historia que su autor está dispuesto a compartir con el lector. Descubro, entre estanterías, una zona para tomar algo al fondo, con mesas para consultar libros y decidir si merece la pena hacerse con un ejemplar para guardar en el hogar. Una escalera de caracol conduce a la planta baja, donde se encuentran las guías de viaje. Localizo una estantería con multitud de ejemplares sobre el Camino de Santiago y, aunque distingo un patrón en el orden de colocación de las guías que hacen referencia a otros lugares, no encuentro ninguna sobre la Vía Francígena. Me decido a preguntar a una persona que trabaja allí, sentada tras la pantalla de un ordenador que, con paso seguro, avanza hasta una estantería con la reseña "Italia" escrita en el borde. Distingo varias guías con tapa verde, aunque ninguna en español, como me señala también la chica que me ha atendido, alcanzando para mí la versión inglesa que había encargado. De los mil kilómetros anteriores, de Canterbury al Gran San Bernardo, sólo tienen un ejemplar en italiano, que descarto.

Confío de nuevo en la opinión de los seguidores de la Via Francigena en Facebook, que me recomiendan utilizar el GPS de las aplicaciones "Via Francigena" y "SloWays" y descargar el contenido de las etapas del recorrido que vaya a realizar para disponer de los mapas sin necesidad de estar conectada, algo que me será de utilidad en Suiza, donde no dispondré de datos móviles, salvo en lugares con conexión wifi. También me recomiendan llevar la guía "Lightfoot guide to the Via Francigena - Besançon to Vercelli" que, aunque no se ha actualizado desde el año 2014, plantea rutas alternativas al recorrido oficial que, según me aseguran, resultan fáciles de seguir con las indicaciones introducidas en el GPS. Lo que parece tarea imposible es localizarla, pues ninguna librería de Barcelona dispone de ejemplares y, aunque una se ofrece a pedírmela, no la recibiría del proveedor antes de emprender yo mi viaje. Sin muchas opciones, a causa de mi obstinada improvisación, consulto Amazon y descubro que disponen de un ejemplar, que recibiría a tiempo con la opción Prime. Las prisas me van a salir caras, pero es un precio que estoy dispuesta a pagar si con ello consigo evitar perderme antes de llegar a Italia, donde he leído que la señalización mejora considerablemente, al igual que la posibilidad de alojamiento. La guía me irá bien en caso de tener dificultades para encontrar alojamiento, pues incluye en cada etapa listados de casas parroquiales, albergues, hostales y hoteles calificados con una letra A, B, C o D según su precio sea mayor o menor, siendo la A la opción más cara y la D la más barata, de donativo libre en muchos casos.

Recibo la guía la última semana de trabajo antes de marcharme de vacaciones, inmersa en el frenesí característico de querer dejar todo atado y bien atado. Las tardes fuera del hospital las paso entre el gimnasio y Decathlon, para hacerme con todo lo indispensable para el viaje que iniciaré en menos de cinco días. Consigo la credencial del peregrino a través de la Asociación Española de la Vía Francígena, que no dispone de sede en España, pero sí una web completa con el anverso y reverso de la credencial disponibles para su impresión. El tamaño no es el ideal, pero bastará para dos semanas de sellos franceses, suizos e italianos. Al pensarlo, una sensación de vértigo se instala en mi estómago, apenas unos segundos, pues no permito que cale más hondo. Hace tiempo que decidí vivir sin miedo, con prudencia, sí, pero sin miedo, pues estoy convencida de que sólo así podemos vivir cosas extraordinarias. Sonrío mientras escribo estas líneas, a sabiendas de que no me equivocaba y de que no podía imaginar, ni de lejos, lo que el camino me deparaba.

11

Son las dos del mediodía cuando, con charla animada sobre tópicos españoles y belgas, ascendemos una colina y un hombre de edad indefinida, posiblemente cincuentón, sale a nuestro encuentro. La vestimenta no pasa inadvertida a nuestros ojos, básicamente porque sólo lleva unos pantalones cortos ajustados y bien arremangados. Una pudiera pensar en unos calzoncillos de segunda mano que pertenecieron a un hombre entrado en carnes en otro tiempo. Y, sin apenas tiempo de reaccionar, comienza la verborrea, o el monólogo de un hombre falto de compañía que necesita, a todas luces, compartir sus pensamientos con otro ser humano; en este caso, la suerte del destino ha querido que fuéramos dos.

Gianluca se presenta como un camionero italiano de mundo que, aunque de origen italiano, dice conocer España como la palma de su mano. Afirma, orgulloso, haber conocido a Santa Teresa de Calcuta y asegura, con repulsión, haber vivido bien cerca de la mafia siciliana, por la que no se dejó engatusar.

La conversación sólo se ve interrumpida por el sonido de la alarma de Cédric, que alerta de que ya son las tres de la tarde, hora de disparar. Gianluca es el claro protagonista del objetivo de la cámara esta vez. Aun así, no me libro de posar junto al hombre solitario y apenas vestido, ahora doblemente concentrado en agarrarme con su enorme mano y en meter la tripa de su abdomen hasta hacerla desaparecer. El resultado, mano y tripa, dan grima. Inevitablemente, es lo primero que capta la vista, una obra de arte única, según Cédric, que reúne humor y autenticidad en un solo clic.

A pesar de la hora y del tiempo de camino que nos queda para llegar a Verrès, los intentos por continuar fracasan, primero, con un Gianluca entusiasmado por enseñarnos los retoques que ha llevado a cabo, en los últimos días, en su caravana, en la que todo está ajustado para aprovechar el espacio al máximo, donde destaca una cama redondeada. Agradezco sentir a Cédric junto a mí, pues no me siento cómoda en compañía de Gianluca, menos aún con esa caravana tan cerca. Por eso, cuando en el momento de la despedida, me comenta emocionado que quiere volver a trabajar en España y que espera tener mi contacto, escribo con la peor letra de la que soy capaz un e-mail que, afortunadamente, él mismo inutiliza al corregir y escribir erróneamente la primera letra. A Cédric le decepciona no tener la oportunidad de leer unos mails que, según él, revelarían la cara más sensible de un Gianluca que no se ha interesado por su contacto, algo que no parece penarle lo más mínimo.

Emprendemos el camino haciendo caso omiso del consejo de Gianluca, que nos anima a seguir el camino de pedriza en lugar del sendero indicado por la flecha amarilla, que baja hacia el río, y que escogemos por nuestra cuenta y riesgo para acabar en el camino inicial después de vernos obligados a atravesar el río. Mis piernas, no tan largas como las de Cédric, salvan por los pelos la distancia entre una orilla y la otra del río, con la ayuda del brazo firme que me ofrece él, sumamente pendiente y detallista tan sólo unas horas después de conocerme. Es un caballero de los pies a la cabeza. Los dos reímos a carcajadas por la tonta situación, el fracaso absoluto de nuestra decisión, en un intento de llevar la contraria a un Gianluca que, sin duda, tenía razón.

Poco antes de llegar a Verrès, alcanzamos en la subida a una peregrina de unos setenta años que lucha por acompasar su respiración sin sucumbir antes al deseo de detenerse. Se llama Helena, es americana, tiene setenta y tres años y, a pesar de haber pasado por quirófano en varias ocasiones por problemas con su rodilla derecha, camina sola, lo cual me resulta admirable y sorprendente. Cédric la conoció días antes y ahora intenta animarla con la idea de una inminente bajada hasta Verrès, nuestro destino, que ya oteamos en el horizonte.

Ringo me escribe justo a tiempo para desaconsejarme el albergue situado junto a la estación de tren y, en su lugar, me recomienda alojarme en la casa parroquial. Cédric se apunta y ambos iniciamos la subida por una calle empedrada a la Prevostura de Saint Gilles, una iglesia del siglo X, donde encontramos al párroco que, si bien nos acoge gustoso con sello en mano, nos informa de que la casa parroquial se encuentra cerrada por reformas. Continuamos, pues, la búsqueda, con guía en mano, cuyo listado ya sólo ofrece posibilidad de B&B, como La Betulla, una casa verde pistacho a la que llegamos sin pretenderlo. Después de hacer sonar el timbre en varias ocasiones y de llamar al número de teléfono que aparece en la guía, sin respuesta, decididos a continuar con el siguiente de la lista, un hombre mayor aparece y, tras comprender la situación, abre la puerta del establecimiento. Es su mujer la encargada del mismo y desconoce si hay habitaciones libres, pero nos invita a esperar mientras la localiza, primero con un cortado en un espacio que recuerda al comedor de un colegio, después en el interior de lo que parece una sala de estar con mesas preparadas para el desayuno, con lo que parece un bizcocho casero y galletas en una bandeja cubierta por un protector de vidrio. Sentados en un sofá, conscientes de que apenas hemos comido para el prosecco que hemos bebido, devoramos unas porciones del chocolate suizo que compré en Ginebra, uno con notas de pimienta y otro con trocitos de naranja, y que encaja a la perfección con la naranja que corta en gajos Cédric.

Con el estómago satisfecho, recibimos la noticia de que podemos quedarnos allí a pasar la noche. Sólo les queda una habitación y, mientras nos dirigimos a ella, conocemos a un italiano, también hospedado aquí, en una habitación de dos camas, que nos invita a posar para una foto para el Instagram de su hija. Todavía sorprendidos por lo absurdo de la petición y la curiosidad por conocer el perfil de la cuenta y ver nuestra foto en ella, llegamos a la habitación Edelweis. Está claro que las sorpresas no han terminado por hoy, pues donde esperaba encontrar dos camas separadas, como la del italiano que hemos visto de reojo por el pasillo, hay una cama doble con balcón, escritorio, y baño privado. Miro a Cédric por el rabillo del ojo y descubro que él también me mira, pero intenta quitar hierro al asunto con un "los peregrinos tenemos que adaptarnos a las circunstancias, ¿no?". Tiene razón, al fin y al cabo, en el Camino de Santiago me tocó dormir hasta con casi un centenar de peregrinos en el albergue público de Nájera, todos en la misma habitación; en cambio, otras veces podíamos estar sólo dos. Me deja escoger el lado de la cama y también ducharme en primer lugar, lo cual agradezco, pues ha sido un día muy largo, caluroso e intenso.

También aquí es el día de la fiesta mayor, como denotan los banderines de colores que vemos en las calles cuando salimos decididos a buscar un lugar donde comer algo.

Una terraza llama mi atención, ligeramente elevada en un entablado con mesas de madera y ambientada con música con un toque chill out. La gente sentada en ella disfruta de tablas de quesos y embutidos de la zona, pero nosotros nos decantamos por una ensalada de burrata, aguacate y salmón que, acompañada con el vino tinto que nos recomienda el señor sentado en la mesa de al lado, resulta deliciosa.

Con estómago deseoso de pizza, nos dirigimos a Pako, un establecimiento con horno de leña y una carta tan larga que hace de la elección de la pizza una misión imposible. Pedimos dos, una con huevo y verduras, como a mí me gusta, y otra que llama la atención de Cédric, con salami picante y mucha cebolla y, a pesar del hambre que tenemos, su considerable tamaño hace que se nos resista un trozo de cada una de ellas. Aun con todo, Cédric tiene antojo de helado. Lleva todo el día hablando del helado de vainilla, concretamente, de la variedad taranchino de Grom, su favorito y, aunque en Verrès no hay heladería Grom, Google maps indica que hay otra a pocos metros de donde estamos. Con lo que no contamos, tampoco Google, cuando vamos hacia allí, es con que es festivo, por lo que la encontramos cerrada, por fortuna para el estómago de Cédric, pienso para mis adentros. Reímos de vuelta al bed & breakfast, donde me resulta imposible dormir al revivir lo que ha ocurrido en un sólo día, que bien podría equivaler a una semana en lo relativo al número de acontecimientos inesperados. La tos vuelve para hacernos compañía y sufro ante la idea de molestar a Cédric con ella, a quien noto moverse inquieto de un lado a otro de la cama, hasta notar su cara a un palmo de la mía.

12

Me cuesta creer que después de tanto tiempo vaya a marcharme de vacaciones cuatro semanas seguidas. Es viernes, 26 de julio, y mi vuelo a Ginebra sale mañana a las 7:10 de la mañana. Es por ello por lo que, en cuanto dan las tres, me despido a toda prisa de mis compañeros y me dirijo a comer a casa para organizar la mochila con calma. Es la misma que llevé al Camino de Santiago, guardada desde entonces en el altillo de mi habitación en Zaragoza hasta el pasado fin de semana, momento en que la rescaté. Fue tras la ceremonia del bautizo de Carlota, en la Basílica de El Pilar, en la que tuve el honor de dar mis primeros pasos como madrina. Carlota no pudo portarse mejor, apenas se movió salvo para abrir ligeramente los ojos en el momento en el que el sacerdote la ungía con el agua bendecida. Y dormida continuó el tiempo que estuve sentada entre mis padres, tíos, hermanos, prima y familiares de Mariano, mi cuñado. Apremiada por la hora del tren que me llevaría de vuelta a Barcelona para afrontar la última semana de trabajo antes de vacaciones, me despedí de todos y corrí hacia casa para cambiar mi vestido de madrina y zapatos de tacón por pantalones cortos, camiseta de poliéster y botas de caña alta. En lugar de maleta de cabina, me colgué la mochila de peregrina a la espalda, justo cuando mis padres y hermano abrían la puerta de casa, a tiempo para despedirme de ellos por segunda vez. No los volvería a ver hasta mi regreso del camino. Mi hermano no pudo evitar compararme con un perroflauta, al igual que yo tampoco reprimí un "a veces, las apariencias engañan", recordando cómo iba vestida momentos antes e instándole a no tener tantos prejuicios.

Como deprisa para comenzar a preparar la mochila cuanto antes, aunque no me preocupa porque hace una semana que hice una lista con lo que necesitaría llevar y compré aquello que no tenía para no echarlo en falta a última hora. Sigo la norma que apliqué para el Camino de Santiago y que tan bien me fue, metiendo lo pesado en primer lugar para que apoye en la lumbar. Introduzco, pues, en el compartimento principal: saco de dormir, capa de lluvia, polar, camiseta y mallas térmicas, unos pantalones cortos y otros largos desmontables, calcetines, ropa interior y bikini, en este orden. En el compartimento inferior meto el neceser junto con mi kit personalizado de primeros auxilios, toalla de microfibra de Decathlon y frutos secos, sándwiches, y fruta para el viaje. Dejo los bolsillos laterales para las cremas de protección solar, que me gusta llevar a mano, gafas de sol, cepillo y pasta de dientes, así como pañuelos. Los cargadores del móvil y del reloj los introduzco en el bolsillo central delantero, junto a los auriculares y la linterna frontal. La gorra, credencial, guía y documentos de identidad los introduzco junto con una libreta de notas en el compartimento superior de la seta. De este modo, quedan más a mano cuando la mochila está en el suelo y más inaccesibles cuando la llevo puesta, aunando practicidad y seguridad, el dúo perfecto.

Con todo en orden, me despido del gimnasio por

una temporada con la clase en la que más disfruto, Body Combat, más aún cuando la dirige Kedar, como hoy, con ese plus de motivación contagiosa. Me despido también de Gemma cuando llega a casa y me acuesto temprano, pues la alarma del despertador sonará sin compasión antes de las 4:30.

Duermo de forma entrecortada, agitada, esperando oír la alarma del móvil en cualquier momento o, lo que sería peor, no escucharla. Cansada de dar vueltas en la cama, me levanto a las cuatro y, vestida con la ropa que dejé fuera de la mochila, pido un Cabify para ir al aeropuerto. Antes de salir de casa, coloco alrededor de mi cintura una riñonera interior con algo de dinero y la tarjeta de crédito.

Abajo, Germán me espera en su BMW negro de cristales tintados y, después de guardar mi mochila en el maletero, me ofrece agua embotellada para hacer más agradable el trayecto. Ahora, con la cabeza apoyada en el respaldo del asiento, sería capaz de dormir durante horas, pero Germán tiene ganas de conversar y su visión sobre la situación política me mantiene en vela.

Sin tener que facturar, con la tarjeta de embarque en el móvil, me dirijo al control de seguridad. Descalza y con el neceser y las cremas solares fuera de la mochila, paso sin incidentes por el detector. Un guardia de seguridad se acerca a comprobar el volumen de las cremas y retiene el protector solar. Compré el formato más pequeño y di por sentado que no superaba los cien mililitros, pero ahora veo que es de ciento veinticinco. Es sábado y no creo que pueda encontrar nada abierto hasta el lunes, por lo que tendría que caminar los primeros días desprotegida. De pronto, comprendo que estoy hablando en voz alta. El guardia me pregunta por el destino de mi viaje y, a modo de resumen, le hablo de mi ruta por los Alpes. Mira a mi alrededor y, con gesto serio y el principio de una media sonrisa, me pide que la guarde de inmediato y que continúe hacia la puerta de embarque. La vida me sonríe y yo sonrío de vuelta.

13

Tras una noche sin ronquidos y con muchas toses, descubro que Cédric es de los que programan la alarma del despertador con antelación para seguir remoloneando en la cama. Me recuerda a mi hermana, que podía estar media hora posponiendo la alarma del despertador hasta que, finalmente, se levantaba, mientras yo, acostada en la cama de al lado, trataba de seguir descansando sin morir de exasperación en el intento. Es por ello por lo que, cuando salgo del baño, preparada para caminar, y lo veo tumbado, lo animo a levantarse para desayunar y, al menos esta vez, el desayuno funciona como cebo. No es para menos, pues tenemos preparado café, té, zumo, brioches recién hechos, tostadas con jamón y queso, o mantequilla y mermelada, galletas, e incluso tarta casera. Desayunamos en compañía de un matrimonio australiano y, para cuando salimos, son las nueve pasadas, el mercado en Verrès ya está en marcha y podemos aprovisionarnos con fruta para el camino.

Nos despedimos de Verrès siguiendo el trazado de la vía del tren hasta dejar atrás la estación de ferrocarril para continuar por un camino de piedra suelta, llano, que serpentea entre campos hasta llegar a un puente de piedra donde encontramos a una cansada Helena. Tras la foto de rigor a las diez, con ella, continuamos el camino para alcanzar el pueblo de Arnad, donde esperamos ver la famosa iglesia de San Martín, con frescos del siglo XV, pero nos tenemos que contentar con admirar su exterior en piedra de estilo románico al encontrarla cerrada. Caminamos hacia Hone hablando de música country con Johnny Cash como maestro favorito de Cédric y soñando, luego, con oír jazz en la ciudad de Nueva Orleans, visita obligada ahora que está allí Sara, una prometedora profesora infantil, cariñosa, apasionada de los viajes, y fiel amiga desde el colegio. Cédric no sólo disfruta escuchando música, sino que también otros disfrutan de la suya. Toca la guitarra eléctrica en una banda, aunque me confiesa que su ojito derecho es la guitarra acústica y, como buen músico, no se conforma con una, sino que tiene seis o siete, una familia, salvo por un pequeño detalle, y es que no tienen nombre. Sin apenas darnos cuenta, el castillo de Bard se alza ante nosotros y, con él, un oasis en forma de helado que satisface el mono de Cédric, recompensa a su larga espera. Me invita a acompañarlo a los que, sin duda, están en el top cinco de mis sabores favoritos, como el infalible chocolate extra negro y el delicioso pistacho. Él prefiere la vainilla, y pienso en lo bien que combina con el chocolate negro, ¿pasará lo mismo con nosotros?

Llegamos al castillo de Bard a través de un puente de piedra adornado con flores y vistosas casas de colores que nos saludan de frente al otro lado. Es lunes y todavía viste las galas que luciera para la fiesta del fin de semana. Bajo un arco, encontramos un sello del castillo. Cédric lo estampa en su credencial a modo de recuerdo, sin imaginar que a causa de tan simple gesto un fantasma nos acompañaría el resto del viaje.

Es la una y media del mediodía cuando alcanzamos Pont-St-Martin, a quince kilómetros de distancia de Verrès.

Estamos cansados y algo hambrientos, por lo que decidimos hacer un picnic en una mesa de madera que encontramos a la sombra en el parque. Un minuto después, chorizo y frutos secos lucen sobre la mesa junto con el queso, los tomates y panecillos de Cédric, a lo que sumamos la fruta del mercado como postre. Saciados, decidimos abandonar la ciudad ascendiendo entre viñedos para seguir caminando por calzadas romanas con características piedras alzadas a la entrada de cada pueblo, cual soldados en posición firme a la salida de la iglesia para honrar a los recién casados.

Entre los apodos Kiko, Kikoe y Quique para Cédric, y Carlo, Sally y Charlotte para mí, atravesamos un Settimo Vittone lleno de vida y reímos en nuestro torpe intento de congeniar con sus paisanos tras un hilarante "Buon pomodoro", o sea, buen tomate, en boca de Cédric, que pretendía ser un "Buon pomeriggio", es decir, buenas tardes. La sesión de risoterapia sólo finaliza cuando vislumbramos el castillo Montestrutto en lo alto del camino y, segundos después, nos topamos sorprendidos con nuestro destino, al que esperábamos encontrar más lejos. El hotel Campo Base se alza, de nuevo, como un oasis en el desierto, con un precioso jardín al que no le falta detalle, como una hamaca suspendida entre dos árboles, donde me tumbo a descansar después de la ducha y la puesta en marcha de una lavadora con toda nuestra ropa. Cédric escribe, mientras tanto, en un intento por avanzar en la que será la siguiente entrada de su blog. Sí, también es blogger, con su familia como principal lectora, pero también amigos, compañeros de trabajo y gente anónima que quiere experimentar las aventuras de su viaje a través de sus ojos y el ingenio y la destreza de su puño y letra. Otra faceta más que comparte conmigo mientras degustamos, a la luz de las velas, una tabla de quesos y embutido, que casan a la perfección con mermeladas caseras de un sinfín de ingredientes, la mayoría especias, según nos detalla la mujer del dueño y cocinera.

Cédric está entusiasmado con su proyecto de trabajo en solitario, respaldado por su familia, de la que habla con una sonrisa en la cara, sobre todo cuando llega el turno de describir a su madre, Brigitte, y a su hermana menor, Sandrine. Es el segundo de cinco hermanos y el pequeño de los chicos. Todos ellos con una personalidad marcada y diferente, pero con un nombre compuesto de origen francés como denominador común. Stéphane y Sandrine, más extrovertidos y desenvueltos que Cédric, Delphine y Marie, más introvertidos y tranquilos. Me confiesa que teme no ser capaz de saber venderse para captar clientes y lo animo a tomar como referente, en ese aspecto, a su hermano mayor que, según me comenta, es un gran vendedor. Veo en sus ojos determinación y confianza en sí mismo, como bien confirman sus palabras y gestos, así como una meta definida y un plan de ruta, los que a mi parecer son los ingredientes del éxito, como le hago saber. Me mira con ternura y desvía la conversación hacia mi futuro profesional, un tema que no me apetece abordar en este momento. Aun así, no me deja alternativa cuando empieza a alabar mi inteligencia y buen hacer. Tajante y sincera, le digo que no busco el éxito, ya no.

Recuerdo cómo mientras fui al colegio, animada a sobresalir, con un "lo primero es lo primero", me centré en estudiar y hacer los deberes, que compaginaba con actividades extraescolares diarias, como el inglés, el francés, la natación y la pintura. Gané concursos de cuento, ortografía, poesía, y acabé el bachillerato con matrícula de honor y todos los exámenes de inglés del Trinity College, First Certificate de Cambridge y la Escuela de Idiomas, superados. Mi paso por la Universidad no fue menos y acabé Farmacia y Nutrición Humana y Dietética siendo la primera de la clase, con premio extraordinario no sólo de la Universidad de Navarra sino también del Ministerio. Y seguí estudiando, con el hilo del "ahora que tengo el hábito de estudio, es el momento perfecto para una oposición; si no la preparo ahora, luego no lo haré, y no quisiera cerrarme esa puerta". Así que, después de acabar mis prácticas de Nutrición en agosto, tras dos semanas de vacaciones, comencé en Valencia un curso intensivo para preparar el examen del FIR, que me abriría las puertas de la farmacia de hospital. Cuatro meses después, me presenté al examen y lo superé con buen número, lo que me permitió escoger un hospital como el Clínic de Barcelona, donde hice la especialidad. Allí se desmontó mi castillo de naipes y, en mi intento por reconstruirlo, comenzó mi reflexión. ¿De verdad debía construirlo igual siendo que el anterior se había caído? ¿Qué había provocado su derrumbe y, por ende, debía modificar en su reconstrucción?

El camino de Santiago unido a un postoperatorio complicado y a un trabajo exigente donde todo era urgente contribuyeron a dar respuesta a esas preguntas. No valoramos lo que tenemos hasta que lo echamos en falta. La salud es el mejor ejemplo de ello, también los seres queridos cuando están lejos. Si arriesgamos lo primero y el disfrute de lo segundo por el trabajo, ¿qué sentido tiene la vida? Decidí que ninguno, y que prefería dejar de obtener éxito, triunfos a nivel profesional si con ello ganaba más tiempo de calidad para lo segundo. ¿No es el amor lo único que nos llevamos a la tumba? No creo que un Currículum Vitae interminable, los premios que pueda o haya podido ganar, ni tampoco el dinero vayan a despedirme o a arroparme entonces.

Entonces, un Cédric atento al relato, me sorprende, como siempre desde que lo conozco, con una nueva definición de éxito. Para él el éxito no viene dado por los demás, sino por uno mismo. El éxito, según dice, es sentirse feliz con lo que uno hace y, por este motivo, desea que siga buscándolo, pues quiere que sea feliz.

14

Aterrizo en Ginebra a las nueve y cuarto pasadas y, sin tiempo que perder, sigo las señales de "exit" del aeropuerto, entre cafeterías y tiendas gourmet donde el chocolate es el principal protagonista. Me dirijo hacia la estación de tren, en el mismo aeropuerto, e intento sacar los billetes a Besançon en una de las máquinas. Tras tres mensajes de error, me veo obligada a coger número y a sucumbir a la fila para ser atendida en el mostrador. Media hora más tarde, mi número aparece en pantalla y una señorita vestida con el uniforme de la compañía SNCF me interroga con la mirada. Me dirijo a ella en inglés y me ofrece dos posibilidades para llegar a Besançon, ante lo cual le pido opinión y escojo la que me recomienda, la más rápida, aunque algo menos económica, pues la diferencia de precio es muy pequeña. Me anima a viajar a Lausanne y de ahí a Dole Ville, Francia, donde deberé comprar el billete del tren que me llevará a Besançon Viotte por tratarse de otra compañía ferroviaria. El trasbordo en Lausanne, de más de una hora, me permite pasear por la ciudad, con el lago Leman de fondo, y aprovisionarme de barritas energéticas y galletas de la marca Raw-Bite y Kookie Cat que tanto me gustan y que localizo en un supermercado Bio.

El tren que me llevará a Dole se dirige a París, destino de la madre e hijo a los que ayudo a subir al tren y que, casualmente, llevan el asiento ubicado junto al mío. La madre, Ellen, es francesa, pero vive en suiza desde hace un año, donde me asegura que la conciliación familiar es más complicada en lo que respecta a su horario de trabajo, si bien valora positivamente las ventajas a nivel de educación y espacios infantiles. El viaje vuela en compañía de un niño entusiasmado por mostrarme todos sus libros, protagonistas e historia libre de interpretación, para luego trasladarme a sus personajes favoritos del circo, del zoo y, sólo ante la insistencia de su madre, centrarse en un táper de comida que me ofrece después de jugar con ella. Ya me veo llegando al destino sin prenda puesta libre de manchas cuando anuncian mi parada y me apeo del tren a la vez que escucho un gracias y buena suerte de mis compañeros de viaje. La estación de Dole es diminuta y una lluvia intensa me obliga a correr hacia el edificio principal y único en los alrededores, donde compro el billete a Besançon y espero en el andén la llegada del tren.

Besançon me recibe, a las tres de la tarde, con lluvia torrencial y un cielo gris que no presagian un cambio de tiempo. Estoy mojada, tengo frío y encontrar alojamiento recorriendo las calles con esta cortina de agua, protegida tan sólo por la capa de lluvia, se me antoja una tarea harto complicada. Compruebo, además, que el inglés no me sirve para entenderme con las personas que encuentro por la calle y a las que acabo preguntando, por señas, cómo llegar a la oficina de turismo. Por ello, cuando por fin la encuentro, con una chica joven en su interior que habla inglés y conoce la Vía Francígena, aprovecho mi oportunidad para preguntarle, no sólo por mapas para moverme por la ciudad, sino también por algún lugar donde pasar la noche, así como información de las etapas venideras en tierras francesas. El sol sale en forma de habitación individual con baño en un convento diocesano, en el que a pesar de la barrera idiomática que se alza entre una alegre y despreocupada secretaria y yo, consigo sentirme algo más animada. La voz de papá me recuerda por teléfono que aún estoy a tiempo de volver y yo, que momentos antes había estado tentada de darme la vuelta, le recuerdo que siempre estaré a tiempo de hacerlo pero que, por el momento, lo haré en dos semanas, si todo va según lo previsto. Después de lo que me ha costado llegar hasta aquí, nada más y nada menos que un vuelo y tres trenes, ¿cómo podría volver sin siquiera intentarlo? Pienso que no va con mi manera de ser y que debería volver a nacer para no verlo como un sacrilegio, como un atentado contra mi curiosidad, ese deseo de experimentar, de exponerme a situaciones incómodas para comprobar cómo me desenvuelvo en ellas y aprender, conocer nuevos lugares, personas con las que compartir y, en definitiva, crecer como persona.

Deja de llover y salgo a pasear por la ciudad que, sin lluvia ni capa ni mochila, se me antoja bonita. Es sábado y los comercios están abiertos, entre ellos, las galerías Lafayette, con sus características banderas rojas a la entrada, que dan un toque de color a sus calles de adoquines grises. Son las seis y media cuando decido volver al convento, cuya entrada encuentro entreabierta pero bloqueada, el equivalente a cerrada. Después de llamar a todos los timbres disponibles sin respuesta, me frustro ante la impotencia de tener todas mis pertenencias dentro y no poder acceder a ellas, pensando en la posibilidad de tener que pasar la noche al raso. Empujo y vuelvo a empujar con más fuerza, sin ceder con ello la puerta, cuando oigo un saludo a mi espalda. Se trata de un hombre alto, de complexión fuerte, que aparenta poco más de cuarenta años y que también se aloja allí, sorprendido como yo por el estado de la puerta. La fuerza y me anima a pasar mientras la sujeta, para luego hacerlo él y presentarse como Anthony, de Nueva York. Descubrimos que los dos empezamos a caminar mañana por la Vía Francígena, sólo que él puede y quiere llegar a Roma y yo, a pesar de que quiero, no dispongo de tiempo para ello y me contento con llegar a Aosta. Nos despedimos con un "Buen camino" y me insiste para que lo llame en caso de no poder entrar cuando vuelva de cenar, para lo cual me da un número de teléfono francés que, según me dice, desconectará al empezar a caminar.

Me concedo un festín a modo de cena en un bistrôt francés que me deleita con patés caseros, muffins saladas, mousse de queso y, como plato fuerte, patatas gratinadas con champiñones y jamón, a lo que sigue un postre de delicias de chocolates, con sufflé, mousse y brownie. Una bomba que me ayuda a sacar fuerzas de donde antes no las hubiera para forzar la puerta de acceso hasta mi habitación, sin necesidad de pedir ayuda a Anthony, al que encuentro a la mañana siguiente terminando de desayunar en compañía de una monja que, tan pronto como me ve aparecer, me ofrece café y pan recién hecho con mantequilla, mermelada y queso. Hablando con ella, descubro que la otra llave de mi llavero permitía abrir la puerta bloqueada de acceso desde la calle, detalle que la secretaria olvidó comentarme antes de marcharse. Anthony me mira divertido y no me pasa inadvertido que ya ha terminado de desayunar y, a pesar de ello, continúa allí, esperando a que yo acabe para empezar a caminar conmigo.

15

Tras una noche de tregua sin apenas tos, estiro mi cuerpo descansado, mientras mi mente vaga por el recuerdo de la noche anterior. Entre quesos de distinta índole, embutido italiano, pasteles vegetarianos y ensalada, Cédric me adula con la creencia de un futuro prometedor para mí y me anima a pensar en aquello que me hace feliz. ¿Es estudiar e investigar, o ayudar a otras personas? Él apuesta por lo segundo, convencido de que se me da bien el trato con la gente, pero aún no estoy preparada para tomar esa decisión. Atisbo nuevos mensajes de Anthony al apagar la alarma del móvil y, aunque decido ignorarlos, noto un suelo inestable bajo mis pies al incorporarme. ¿Qué parte del no no entiende?

Cédric se levanta nada más oír la alarma y, con ello, abre la puerta a la esperanza. Es su primer día sin remolonear y me gusta, sobre todo, porque creo haber influido en ello. ¿Será este el comienzo de un nuevo Cédric? Su sonrisa y mirada alegres responden por él.

Abandonamos Campo Base sobre las ocho y media, tras un copioso y delicioso desayuno, y la receta de la mermelada casera, que tanto nos gustó la noche anterior, escrita de puño y letra por la cocinera.

El azar hace que sigamos una ruta alternativa que nos conduce al lago Pistono. Allí, en lo alto de un mirador, encontramos un bar con jardín donde nos sentamos a disfrutar de las vistas con un buen café. Son las once y deberíamos estar ya en Ivrea, a unos diez kilómetros de Montestrutto; sin embargo, la aplicación nos sitúa aún lejos de allí, pues la ruta que seguimos alrededor del lago es, sin duda, más larga, si bien quizá también más bonita. Nunca lo sabremos, salvo que volvamos sobre nuestros pasos y cojamos el camino más directo que, en algún momento, pasamos por alto y abandonamos sin pretenderlo.

Ivrea se me antoja caótica; bien por la falsa expectativa de cercanía, bien por el calor que nos acompaña desde hace horas y que se intensifica en el centro de la ciudad, el caso es que tardamos mucho tiempo en encontrar el albergue Canoa, conocido por sus vistas al río donde practican este deporte. Lo encontramos cerrado, a lo que mi vejiga responde con un estallido de apremio que, sumado al sonido del agua enfurecida del río, no hace más que intensificarse. Sentado en uno de los bancos del jardín, encontramos a un peregrino, Tim, al que Cédric ya conoce de su paso por los Alpes. Los dos hablan animadamente en su lengua materna, el neerlandés, mientras yo intento apartar de mi mente mi necesidad de baño urgente. Centro mi atención en Tim, un chico joven, diría que rondando la veintena, de tez blanca y ojos azules que delatan su origen nórdico. Advierto que señala su pie izquierdo y se encoge de hombros, con gesto preocupado a la vez que cansado, e interpreto que está lesionado, algo que Cédric corrobora cuando nos vamos. Cerca de allí, en un parque que conecta con la otra ribera del río, encontramos mesas de madera donde trabajadores de oficinas próximas descansan o aprovechan para comer al aire libre. Nos sentamos junto a una chica, que enseguida nos deja, y miro a mi alrededor deseando encontrar un baño público. Pero no es hasta que abandonamos la ciudad sorteando la zona industrial, cuando consigo acceder a uno tras la brillante ocurrencia de Cédric de entrar al gran supermercado Conad a preguntar.

El pitido de un coche hace que dejemos, entre risas, los juegos de palabras en otras lenguas, que iniciamos a raíz de la palabra conad, y dirijamos nuestra atención a un coche que se detiene frente a un semáforo en rojo. Es Massimo, el amable encargado del hotel Campo Base que, con sonrisa y enérgico saludo en un español perfecto, nos llama por nuestros nombres y nos anima a seguir antes de perderse de nuevo entre el tráfico de la carretera. Otro regalo inesperado que hace más ameno el camino hasta Palazzo, lugar en el que no encontramos nada abierto donde reponer fuerzas, ni tampoco palacio alguno, algo que resulta confuso a la vez que divertido. Tras más de veinticinco kilómetros caminados a pleno sol, el bar en el centro del siguiente pueblo, Piverone, se nos antoja perfecto para un helado que, si bien se conforma con ser un cono de nata de marca desconocida y dista mucho de ser artesano, nos recompone. El bar, que no ha visto ni de lejos una reforma desde sus orígenes, es regentado por un señor que nos invita a dejar las mochilas en el suelo y a descansar sobre dos taburetes mientras disfrutamos del helado. Unas señoras entran y una de ellas se agacha para recoger algo del suelo que agita en el aire a continuación. Reconozco mi gorra, mejor dicho, la de papá, que me devuelve mientras sujeta con la otra mano una cesta llena de tomates. Miro a Cédric divertida y, cuando nos despedimos del camarero, no puedo evitar añadir "Buon pomodoro en la bella Italia". El parloteo incesante del camarero hace que el comentario pase inadvertido a sus oídos, pero no así a los de Cédric, que abandona el bar encogido a causa de una carcajada que sólo consigue frenar para retarme, con mirada cómplice, a una apuesta.

Aquel que divise primero el lago Viverone ganará un helado, y no uno cualquiera, uno de Grom. Esa es la propuesta de Cédric, que acepto encantada. Me alegra pensar que nuestro destino está cerca y esta nueva motivación alarga la longitud de mis zancadas. Cédric sigue bromeando acerca de los buenos tomates italianos cuando, tras una ligera subida, en el punto más alto del camino, antes de girar éste ligeramente a la izquierda y descender, diviso montes verdes repletos de viñedos y, tras estos, un lago azul intenso que se funde con el del cielo. Grito de emoción y Cédric me mira sin comprender, pues no es hasta que lo señalo, y mira en la dirección de mi dedo, cuando ve el lago. Alcanzamos los viñedos y, en ellos, a un lado del camino, una mesa con un banco para dos dispuesto para contemplar la belleza del lago, junto a un letrero dirigido al descanso del peregrino. Animo a Cédric a sentarse y aprovecho para sacar unas fotografías del lago, sin saber que estoy siendo fotografiada al mismo tiempo.

Pasan de las seis de la tarde cuando llegamos a Viverone, nuestro destino, tras unos treinta kilómetros de recorrido. Exhaustos, nos instalamos en un bed & breakfast, un pequeño apartamento ubicado en lo alto de una casa a orillas del lago, con terraza, en el que apenas perdemos tiempo para disfrutar del atardecer en el lago. El sol es más rápido que nosotros y, para cuando nos vestimos con ropa de baño, ya se ha ocultado, pero el agua del lago nos espera, quieta como una balsa hasta que Cédric se zambulle en ella. Ahora que no hace calor se desvanecen mis ganas de chapuzón, pero Cédric está decidido a ayudarme a entrar en el agua de no hacerlo por mí misma. Me sumerjo en el agua cual alfiler, con resolución, para no darle ese placer ¿o sí?, y descubro que no está fría, sino templada, y que mi cuerpo se relaja, más aún cuando nado y me estiro. Cédric me observa en la distancia mientras jugueteo con un alga que encuentro y que enredo para formar una corona y colocarla en su pelo. Bromea interpretando a Julio César, tras lo cual vienen las aguadillas, si bien he de asumir la autoría de la primera, aunque en mi defensa alegaré que hubo un momento protagonizado por una intensa y recíproca mirada con el silencio como co-protagonista.

Cédric me concede el privilegio de la ducha nada más llegar al apartamento y, mientras él lo hace después, decido premiarlo con la cena. No hemos comprado apenas, por lo que debo ingeniármelas con los víveres que cargamos en nuestras mochilas, y decido compensarlo con la presentación. Así, corto en rodajas el chorizo picantón de Almenar de Soria, que dispongo en un plato formando círculos concéntricos, y hago lo mismo con el queso pecorino de Cédric, salvo por la forma triangular de los cortes que coloco en otro plato uno junto a otro hasta completarlo. El hummus pide ser servido en cuenco y, sobre el plato sobresaliente que coloco debajo, dispongo el pan de nueces cortado en rectángulos para untarlo. En otro plato pongo el resto del pan cortado a rodajas para acompañar el queso y el chorizo y, junto a cada cubierto, coloco una copa. No hay vino, pero no importa, pues el agua sabe mejor en copa y, sin duda, es más glamurosa que el vaso. Busco servilletas en los cajones de la cocina sin suerte; adiós al glamour y hola al papel de cocina. Cuando me vuelvo para colocar el rollo sobre la mesa veo a un Cédric estupefacto que me mira con ternura para deshacerse en elogios antes de sentarse a la mesa para cenar y animarme, después, a relajarme en el sofá mientras él se encarga de recoger la cocina.

16

La puerta finalmente se abre sin problema con la llave apropiada, en manos de una monja experimentada que me despide con un cariñoso abrazo y un par de besos, agitando su brazo derecho en el aire. Lleva tres días compartiendo su desayuno con Anthony y noto complicidad teñida de pesar por la vuelta a la monotonía, cuyo silencio había roto este carismático peregrino. Me parece escuchar "Cuida de ella" antes de atravesar el umbral de la puerta, para alejarnos del convento por las calles aún dormidas de una Besançon cubierta de negras nubes que barruntan lluvia.

Nos dirigimos al sur para iniciar la subida hacia la aldea Chapelle des Buis donde, en lo alto de la colina, luce una bonita iglesia regentada por una comunidad franciscana. A Anthony le han hablado de la posibilidad de conseguir credenciales allí y llama a la puerta de la casa anexa a la capilla para adquirir una. No parece que nadie viva dentro, de hecho, el desorden y polvo acumulados saltan a la vista desde fuera por lo que, al no oír movimiento, decidimos dar media vuelta. Sin embargo, ya caminando, oímos el sonido de una puerta que se abre. Un monje franciscano nos saluda en francés y Anthony le cuenta en inglés el motivo de la intromisión, ante lo cual el monje responde negativamente con la cabeza. Me sorprende que no tenga credenciales, aunque no tanto que le resultara difícil dar con ellas entre tanto desorden, y se hace evidente que sin conocimiento de la lengua francesa la barrera idiomática en Francia es un hecho. Por fortuna, si todo va bien, en cuatro días estaré cruzando la frontera con Suiza y allí espero no tener problemas para entenderme en inglés, sin duda, mucho más fluido que mi oxidado francés.

Me doy cuenta de que la Vía Francígena dista mucho del Camino de Santiago en lo que a señalización se refiere. No hay mojones indicando los kilómetros que faltan para llegar a Roma, ni flechas amarillas, ni tampoco peregrinos pintados marcando el camino. Echo en falta la compañía de todos ellos, aunque no me siento sola, rodeada como estoy de naturaleza y de un neoyorquino que no calla ni debajo del agua. Además, tengo el recorrido de la Vía Francígena descargado en la App Via Francigena, por etapas, con ubicación en el mapa en tiempo real. Pero Anthony se ha propuesto caminar sin ayuda de las tecnologías, algo que admiro porque siento que, de algún modo, vivimos atrapados en ellas, hasta el punto de conectar con aquellos que no están con nosotros en el momento en que estamos con otros y viceversa. Como si siempre deseáramos estar en otro lugar con otras personas, sin prestar atención al presente, al lugar en el que estamos ahora, a las personas que nos rodean y hablan, a los sonidos y colores que nos envuelven y estimulan. El deseo de conectar conmigo misma y con la naturaleza, unido al hecho de que llueve a cántaros y ello dificulta el uso del móvil sin arriesgarme a quedarme sin él, hace que decida dejarme llevar y confiar en mi orientación, la de mi nuevo compañero de ruta y las señales GR que, de tanto en tanto, aparecen. Es así como descubro que lo de dejarse llevar no siempre sale bien.

Anthony se define como un ciudadano del mundo. Aunque su ciudad natal es Nueva York, no tiene un lugar de residencia fijo, sino que este cambia a menudo, adaptándose a sus relaciones sentimentales o profesionales, como la de trabajar como voluntario en programas de ayuda humanitaria. Me comenta que el año pasado estuvo en Grecia, prestando ayuda a los refugiados, y que allí coincidió con una pareja de vascos, de la que provienen sus conocimientos sobre las costumbres españolas, no todos muy acertados, como le resalto. De mirada y conversación profunda, salvo un tramo del camino que nos obliga a desfilar uno tras otro a la vera del río, se sitúa en paralelo y no pierde ocasión de preguntar mi opinión respecto a todo, para luego asentir y sonreír pensativo. Pocas personas establecen un contacto visual de semejante magnitud y él opina lo mismo de mí.

Atravesamos bosques, llanuras, carreteras y pueblos sin encontrar nada abierto en ninguno de ellos. Veo a la lluvia como la enemiga del peregrino, pues no nos ha dejado hacer un alto en el camino, o sí, pero no apetece, por lo que no hemos comido nada desde que salimos, más de cuatro horas atrás. Me obligo a beber, pues no tengo sed, sólo frío, que ya recorre todo mi cuerpo, pies incluidos, tras rendirse el goretex de mis botas al continuo embiste del agua.

Desorientados, tras más de cinco horas caminando sin descanso, encontramos una lechería abierta en un pueblo sumido en completo silencio. Agradezco el calor y la ausencia de lluvia en el interior del establecimiento mientras preguntamos por la distancia hasta Ornans. La lechera nos mira entre estupefacta y compasiva y gesticula como si condujera un vehículo con el dedo índice en alto en lo que parece un número uno. Salimos confundidos y nos negamos a creer que estemos a una hora en coche de nuestro destino; sin duda, pensamos, no la hemos entendido bien.

Y seguimos caminando, bromeando sobre la lechera y su confuso lenguaje de gestos, sin sospechar lo acertado que ha sido este, al igual que nuestra primera interpretación, y lo errados que han sido nuestros pasos.

Así es como, dos horas más tarde, llegamos a un pueblo llamado Thise. Ese nombre no me suena, estoy convencida de que no figuraba en la lista de pueblos entre Besançon y Ornans que me mostraron ayer en la oficina de Turismo y que yo misma repasé más tarde en mi habitación. Buscamos la iglesia para resguardarnos del frío y la lluvia y, ya en su interior, sentada en un banco, inquieta, dejo que la aplicación de mi móvil confirme mis peores temores. Estamos al norte de Besançon, a seis horas a pie de Ornans, que está en el sur. Pero ¿cómo es posible, si empezamos a caminar hacia el sur? Hemos debido de desviarnos en algún punto del camino, lo que significa que llevamos horas caminando en sentido opuesto a nuestro destino. Son las tres de la tarde y estamos más lejos de Ornans que cuando empezamos a caminar esta mañana, por lo que es imposible que podamos llegar caminando hasta allí en el día de hoy. Pensar en un día perdido hace que me enfade conmigo misma por haberme dejado llevar, sobre todo, porque es domingo y Thise se me antoja un pueblo poco espléndido en materia de servicios.

Anthony espera, paciente, mi reacción y, como mantengo la calma, no para de preguntarme, incrédulo, si no estoy furiosa con él por haber acabado en el lugar donde estamos. ¿Por qué iba a estar furiosa con él cuando yo misma accedí a no hacer uso de la aplicación como guía? Estoy furiosa conmigo misma por no haber prestado más atención al recorrido, por mi mala orientación, y, sobre todo, por haber hecho caso omiso de las nada desencaminadas indicaciones de la lechera.

Noto punzadas de hambre en el estómago que, con razón,

se queja por la falta de atención. Busco una de las galletas hipercalóricas a base de frutos secos y la devoro en cuestión de segundos. Con la mente más clara, decidimos buscar ayuda, que encontramos de la mano de la panadera del pueblo. Su panadería es el único lugar que parece albergar vida en este momento y lugar. No hay autobuses, pero sí una estación de tren a la que podemos llegar caminando en línea recta, que conecta con Besançon, nuestro punto de partida hoy. Pienso en un mal chiste, en cómo nuestro primer día de camino podría servir de material a un humorista falto de inspiración.

El camino por carretera es tedioso pero, al menos, la lluvia se apiada de nosotros y nos concede una tregua. Anthony insiste en lo mucho que le ha sorprendido mi sosegada reacción a lo ocurrido y me regala los oídos haciéndome ver cómo habría reaccionado el común de los mortales. Como si reaccionar de otro modo fuera a cambiar las cosas, pienso yo. Como a una niña a la que compensan por buen comportamiento, escucho el relato de un niño extremadamente protegido por su madre, una madre que no confiaba en las aptitudes de su hijo para sobrevivir en este mundo. Pero el niño creció y, al darse cuenta de que podía valerse por sí mismo, se sublevó. Ante mí tenía a un ciudadano del mundo que había decidido cortar todo vínculo con su familia, la misma que le había cerrado la puerta tras volver cual hijo pródigo años después.

Besançon está como la dejamos, cubierta de nubes grises, pero aquí me siento a salvo. Además, en la estación me dicen que hay un autobús que se dirige a Ornans a las cinco y media, con llegada al mismo a las seis y cuarto. Parece increíble que cuarenta y cinco minutos basten para cubrir la distancia que nos ha costado más de siete horas recorrer a pie, aunque de forma errática.

Disponemos de tiempo para comer hasta la salida del bus, por lo que nos acercamos al centro de la ciudad y nos sentamos en el primer lugar que vemos con bastante gente comiendo. Sin duda, que lo elijan sus ciudadanos es buena señal, una garantía de calidad. Pido la especialidad de la casa, los mejillones en salsa, acompañados de patatas fritas, que acompaño con una copa de vino tinto para entrar en calor. Descansada, aliviada, medio saciada por los mejillones y templada por el vino, escucho la historia que Anthony me relata sobre sus primeras andanzas en Besançon y cómo, en un mismo día, se cruzó hasta en tres ocasiones con la misma chica, desconocida, francesa y muy guapa, o eso pensó. Cuando la tarde anterior a su partida se despidió, como de costumbre, de Besançon, la ciudad que dejaría pronto atrás, también lo hizo de la bonita chica francesa a la que había visto caminando por sus calles. Pero eso fue antes de toparse con ella frente a la bloqueada puerta del convento en el que se alojaba y descubrir que no era francesa, sino española. La bonita chica francesa de su historia era, mejor dicho, soy yo.

17

Cuando a las seis y media de la mañana suena la alarma, me siento realmente cansada, como si la tos me dejara exhausta, consumiendo mi energía de noche, lejos de permitir recargarla con el sueño. Continuaría durmiendo pero, de hacerlo, ¿qué ejemplo le daría a Cédric, ahora que está dejando de remolonear? Además, queremos ver el amanecer en el lago, por lo que hago un esfuerzo por levantarme, no así las nubes, que siguen en sus puestos cuando llegamos y encontramos, de nuevo, al sol escondido. Aun así, la vista del agua apacible como una balsa nos regala unas magníficas instantáneas.

Retomamos la vía subiendo una cuesta, de espaldas al lago, hasta llegar a la calle principal por la que abandonamos la ciudad dirección a Santhià, no sin antes detenernos en un bar para desayunar. Pasamos por un horno y, como si los dos pensáramos lo mismo, nos miramos, asentimos, entramos y seguimos caminando con una degustación de galletas de crema recubiertas de chocolate y una tartaleta también de chocolate.

La aplicación sugiere una etapa sencilla y corta, y no falla en su previsión. Entre campos de maíz llegamos al Castillo de Roppolo, donde bromeamos sobre si de verdad será necesario bailar para acceder al albergue situado allí, conocido como Casa Movimiento Lento. Sin pensarlo dos veces, con Paquito El Chocolatero sonando en su versión clásica, dirigida por Rafael Sanz Espert, nos balanceamos enlazados hacia adelante y hacia atrás, pierna derecha en alto, luego la izquierda, coordinados hasta que la risa llega. Así es cómo Cédric pierde su fobia a bailar y el pueblo de Roppolo despierta entre música y risas provenientes de dos peregrinos que dirigen sus pasos hacia Cavaglià, a la que encontramos vestida de verde y amarillo celebrando la festividad de San Rocco. Encontramos una iglesia circular que lleva su nombre cerrada, y otra preciosa y muy luminosa junto a una plaza donde disfrutamos de un riquísimo brioche relleno de crema de pistacho. Preguntamos al camarero, un chico joven, por los Menhires y, con la ayuda de su compañera, nos dibujan en una servilleta cómo llegar hasta ellos. No es difícil, aunque pasan muy inadvertidos junto a la carretera, al otro lado del mercado. Intento imaginarme las piedras que se disponen en círculo, sobre la hierba, en la explanada de un bosque, rodeadas tan solo de naturaleza. Pienso en los cambios que habrán visto producirse a su alrededor y en lo diferentes que les resultarán los rituales ceremoniales de otro tiempo con el ir y venir de los vecinos de Cavaglià un día como hoy. Me acerco a una piedra mucho más grande que yo y alargo la mano para tocarla, soñando despierta con historias de viajes en el tiempo, ¿ciencia ficción o realidad? Aquí y ahora, fuera de contexto, parecen desprovistos de magia e incluso se me antojan decepcionantes.

El resto del camino a Santhià transcurre por carreteras rurales sin incidentes, hasta poco antes de llegar. Nos encontramos en una circunvalación y, al divisar el camino bajo nuestros pies, casi al alcance de nuestra mano, sugiero tomar un atajo y descender en línea recta para evitar el zigzagueo de la carretera. Al primer paso que doy tras sortear el pretil le sigue una caída entre maizales, estilo libre, sin lesiones que lamentar, afortunadamente. Cédric mantiene el tipo y me sigue, con paso tranquilo y seguro, aguantando la risa hasta que ríe sin disimulo. Supongo que me lo merezco.

Llegamos a Santhià a mediodía, conversando sobre viajes, la influencia de los peregrinos en la plantación de árboles y barajando símbolos que resulten tan atractivos para la Vía Francígena como la concha para el Camino de Santiago. No llegamos a consenso, pero sí al albergue de peregrinos, donde un amable hospitalero nos acoge y muestra las instalaciones. Nos recomienda varios restaurantes para comer, uno de ellos por encima de todos, cuya especialidad es el risotto. Abre a las siete, por lo que reservamos una mesa para cenar y escogemos una pizzería para comer ahora y, entre comida y comida, nos sentamos a descansar en una cafetería.

Rissi e Risotti resulta ser un restaurante regentado por un italiano y su mujer. Cuando el hombre descubre que soy española, corre a por su mujer, también española que, como buena valenciana, nos prepara un arroz para chuparse los dedos. Es miércoles y estamos solos en el salón, decorado con múltiples fotografías y manteles a cuadros, rojos y blancos, de indudable estilo italiano. Un aperitivo de ensaladilla rusa, desconocida para Cédric, me lleva de vuelta a mi hogar, al recordarme a la que prepara mamá. El risotto está delicioso y el pollo al limón, que llega después, también.

Decidimos dar un corto paseo antes de volver al alberge y, entre mareada y contenta tras dos copas de vino, bromeo sobre el detergente en polvo que Cédric carga en su mochila, como si llevara también una lavadora a cuestas para poder hacer uso de él. No se ofende y sigo con la crema de protección solar que tiene sin empezar y que su moreno camionero pide a gritos, así como las gafas de bucear en el interior de su mochila y que perdió la ocasión de utilizar en el lago Viverone; "quién sabe si tendrás más oportunidades de ponértelas", le digo, "como no sea para cortar cebolla sin que te lloren los ojos". Él se desternilla de la risa y me estruja entre sus brazos en un intento por hacerme cosquillas, pero le recuerdo que no tengo, aunque la imagen de sus gafas de buceo basta para reír sin pausa. Y es que, ¿quién lleva a un camino de alrededor de dos mil quinientos kilómetros unas gafas de natación? Si, al menos, nadara habitualmente... pero me confiesa que no lo hace, sólo tiene por costumbre correr. En fin, me he topado con una caja de sorpresas y si, como dice la ciencia, la risa influye positivamente en la longevidad, quién sabe si a su lado no podría vivir cien años.

18

Bajamos del autobús en Ornans y, tras recoger la mochila del maletero, una señora se acerca para preguntarme si soy Ángela, lo que aprovecho para preguntarle por la ubicación del Camping Le Chanet, al que llamé ayer para reservar alojamiento para esta noche. Aunque contrariada con mi respuesta, se muestra encantada de poder ayudarnos e incluso se ofrece a llevarnos en su coche. Durante el trayecto, nos cuenta que tiene una granja en las inmediaciones y que esperaba contar con la ayuda de dos jovencitos, Ángela y su compañero, a los que aguardaba en la parada del autobús. Habían contactado a través de un programa que ofrece alojamiento y manutención a chicos jóvenes a cambio de trabajo. Por un momento, me imagino haciendo algo así, sin grandes responsabilidades ni preocupaciones, trabajando con las manos a cambio de alimento. Me gustan la actividad física y los animales, aunque creo que disfrutaría más ocupándome del huerto; sin pedir permiso, mi mente divaga ante la posibilidad de vivir en una granja rodeada de montañas. Pienso que, si algún día me decido, volveré a Ornans para aprender el oficio de la mano de Hélène, que ahora insiste en que nos quedemos en su casa a pasar la noche de no contar el camping con espacio para Anthony, quien no tiene reserva. Hélène caminó a Santiago hace años y, aún así, recuerda con añoranza ese espíritu de ayuda que lo caracteriza y que mantiene vivo con actos como el de hoy.

Ya casi estamos en el camping cuando vemos caminar a una pareja cargada con grandes mochilas; por encima de la de ella asoman unos tirabuzones que recuerdan a los míos. Hélène también los ve y, sin tiempo que perder, frena y baja la ventanilla a la vez que grita "Ángela" una y otra vez. La chica se vuelve y, ya sin dudas, Hélène detiene el coche para hablar con los chicos a los que esperaba y que se habían equivocado de parada. El pelo rizado de Ángela, que Hélène había visto en una fotografía, había hecho que me confundiera con ella al bajar del autobús. Nos apeamos del coche y recogemos nuestras mochilas del maletero para hacer espacio a las de ellos. Veo en Hélène un sentimiento de culpa y le recuerdo lo mucho que nos ha ayudado. Después del día que hemos tenido, su aparición ha sido una bendición y nuestro encuentro necesario para que ella diera con la pareja a la que esperaba en la parada del autobús.

Dicen que Dios aprieta pero no ahoga y, cuando llegamos al camping, el refugio del que disponen para peregrinos está vacío, por lo que podemos elegir cama y disponer del único baño disponible para nosotros solos, sin fila previa. Incluso nos traen cuatro cruasanes y algo de leche y café como adelanto del desayuno de mañana, cuyo buffet empieza después de nuestra puesta en marcha.

Anthony comprueba la ausencia de chinches en los colchones dispuestos en literas, así como en una cama aislada que escojo para mí. Es la única forma de evitar los cabezazos con la litera de arriba en mitad de la noche cuando me levanto al baño. La ducha tras semejante día de lluvia y frío se me antoja el mayor placer de este mundo y, con energía renovada, tiendo la ropa mojada y, mientras Anthony se ducha, llamo a casa para decir dónde estoy, así como que todo va bien. Omito el detalle de la errada caminata de hoy y pienso en la asombrosa facilidad con la que me pierdo en días de lluvia.

A la mañana siguiente no llueve y las botas, junto con el resto de la ropa, están secas. No hay mucha luz, pero la suficiente para comprender, mientras caminamos por sus calles, por qué Ornans es también conocida como la pequeña Venecia verde del Franco Condado. Las siluetas de las casas se reflejan en las aguas del río Loue, que tanto inspiraron al famoso pintor nacido allí, Gustave Courbet. En su memoria, un caballete y asiento con forma de paleta para pintar ocupan un puesto privilegiado en un espacio verde situado en la ribera del río. En lugar de lienzo, el caballete sostiene un marco cuyo cuadro es la fantástica vista viva de la ciudad, cuya tonalidad y forma cambian conforme lo hace ésta.

La niebla comienza a disiparse tiempo después de abandonar Ornans a través de una carretera sin tráfico rodeada de campos. Es entonces cuando decidimos parar a desayunar en una explanada, con sol y sombra, a gusto de los dos. Mientras tomamos el cruasán, debato con Anthony sobre la necesidad de vacunar para cambiar la epidemiología de las enfermedades, tras descubrir su postura en contra. La cascada de prescripción es una realidad y, con ella, la hiperprescripción, pero de ahí a no contribuir a mantener a raya enfermedades que hemos conseguido erradicar por creer únicamente en lo natural -precisamente cuando conocemos muchos tóxicos letales de origen natural- me parece una hipocresía. Sin consenso, caminamos junto al río hasta atravesar Montgesoye, tras el cual afrontamos una subida en Vuillafans, que nos indica por dónde continuar hasta Lods y, de ahí, a Mouthier-Hautepierre. El camino de hoy parece otro, más fácil de seguir al estar mejor señalizado, quizá porque las señales se ubican en el camino y ayer nos desviamos de éste sin querer.

Mouthier aparece como final de etapa en mi guía en papel, pero me siento con fuerzas para continuar caminando y me propongo llegar a Pontarlier. Anthony tenía previsto realizar etapas más bien cortas, pues carga con una mochila más pesada que la mía, tienda de acampar incluida, así que la idea de caminar cuarenta kilómetros en un día se le antoja poco deseable. A modo de despedida, paramos a tomar algo en una cafetería, en la que alaba mi buen gusto al pedir un rooibos, antes de pasar a enumerar sus propiedades ayurvédicas. Un trío de señoras se suma a nosotros en la terraza y, al ver nuestras mochilas e indumentaria, preguntan si estamos siguiendo la Vía Francígena, a lo que respondemos que sí al unísono. Se trata de tres americanas jubiladas que comenzaron su recorrido en Canterbury y, una vez en Francia, aburridas por la monotonía del paisaje, decidieron hacer un alto en el camino en París antes de continuar su recorrido desde Besançon. Móvil en mano de último modelo, las tres siguen de cerca sus pasos señalados en el plano de la app por el gps, y noto cómo a mi compañero se le tuerce el gesto ante tal grado de dependencia.

Tras este descanso en el único bar abierto del hermoso pueblo Mouthier-Hautepierre, poblado de casas de piedra anaranjada y una resplandeciente iglesia en lo alto, estoy decidida a continuar sola hasta Pontarlier. Sin embargo, no hay adiós en el día de hoy, ni caminata en solitario con un silencio tan sólo roto por el sonido de la naturaleza, ya que el hablador neoyorkino se viene conmigo.

19

Me despierta la ruidosa pareja de italianos que ocupa el dormitorio de al lado y, aunque es muy pronto, al no poder conciliar de nuevo el sueño, decido ponerme en pie intentando no despertar a Cédric. Recojo la ropa tendida en el patio de luces y siento el frío de la noche, al mismo tiempo que oigo risas procedentes de la habitación de la pareja de jóvenes holandeses con los que coincidimos ayer al llegar al albergue.

Veo partir a los italianos pasadas las seis y, cuando vuelvo al dormitorio, encuentro a un Cédric ya levantado y fresco como una rosa. Es su tercer día sin remolonear y parece que comienza a acostumbrarse. Tras un decepcionante desayuno, abandonamos Santhià a través de una pasarela que nos evita el cruce de una autopista y que nos conduce hasta una pequeña capilla dedicada a San Rocco. Los arrozales se convierten en nuestros compañeros de viaje hasta un caserío antiguo, en cuya puerta encontramos a su propietario que, no sin cierto orgullo, nos invita a pasar para enseñarnos el recinto. Se trata de una casa blanca con vigas de madera natural bien conservadas en sus altos techos. El que fuera el establo para los caballos en otro tiempo está vacío a día de hoy. No así la fuente, por la que corre el agua, junto a un antiguo molino. Más adelante, a la izquierda, una puerta conduce al patio trasero y a su pequeño estanque habitado por una familia de ocas que sale del agua para saludarnos. Piero Angelo nos relata, a sus setenta y nueve años, historias de la II Guerra Mundial y de cómo su familia cosechaba arroz blanco, rojo y negro para luego venderlo al Vaticano. Eran buenos tiempos, nos dice, hasta que encarcelaron por fraude al romano con quien trabajaban. Con la mirada perdida, bromea con la idea de que tiene una mujer y una amante. Ni sus juguetones ojos azules ni el hecho de que se interese por mi estado civil después de buscar el inexistente anillo en mi dedo anular consiguen desmentir esa posibilidad en el momento de la despedida.

Con una casa a la que volver y un anfitrión que nos ha hecho algo más sabios en términos de arroz, continuamos caminando entre arrozales hasta San Germano Vercellese. Allí visitamos la acogedora iglesia que lleva su nombre y en cuyas hermosas paredes rosadas y azuladas incide una cálida luz anaranjada. De camino a Sale, encontramos un grupo de personas calzadas con botas hasta la rodilla trabajando en los arrozales y cuando, al pasar, se yerguen para saludar con la mano, observo que tienen rasgos asiáticos.

Cuando llegamos a Montonero son las dos del mediodía y el único restaurante disponible en el pueblo está cerrado por obras. Decepcionados y con hambre, reanudamos el paso para afrontar la última hora de camino que nos queda hasta Vercelli. Bromeamos con la ruta trazada por la Asociación de la Vía Francígena que, lejos de ser una línea recta hasta la ciudad, obliga al peregrino a seguir un camino que parece serpentear hasta el infinito, hasta el punto de alejarse del destino en algunos tramos. Después de bautizar a este concepto como humor de la Vía Francígena, bromeamos sobre lugares estratégicos para abrir un establecimiento de acogida al peregrino que, en etapas como esta, puede quedar, como nosotros, desprovisto de servicios tan necesarios como la comida. Si bien es cierto que siempre llevamos fruta, frutos secos y alguna barrita energética, el sol y el cansancio pueden requerir de más sustento y, sobre todo, de sombra y asiento.

Por ello, cuando llegamos a Vercelli y encontramos todas las cocinas de los restaurantes cerradas, sólo la visión de Grom consigue levantar nuestro ánimo. Cédric lleva alabando las virtudes de esa heladería desde el día en que nos conocimos, después de que la descubriera en Aosta pero, aparte de ésta, no hay tantas paradas en el camino que cuenten con ella, tan sólo Vercelli, Sienna y Roma. Si bien el calor hace del helado una tentación, buscamos una opción más compasiva con nuestro estómago. La ayuda de un señor subido a una bicicleta es esencial en esta búsqueda que acaba con dos platos de ensalada encargados excepcionalmente para nosotros. Como si de nuestro ángel de la guarda se tratara, con bicicleta en lugar de alas, a nuestra salida de la cafetería aparece el señor de nuevo para mostrarnos el camino hasta el albergue de peregrinos de Vercelli. Paolo, un alto y joven italiano nacido en Turín, nos recibe como hospitalero voluntario de esta casa de acogida. Somos los últimos en llegar y el dormitorio principal ya está lleno, por lo que nos ubica en un dormitorio situado en la buhardilla, con baño separado, lo que me hace pensar en la verdad que esconde el dicho popular "Los últimos serán los primeros".

Hay cena comunitaria en una hora, a las siete y media, por lo que posponemos nuestro codiciado helado en Grom hasta después de la misma. Mientras tanto, Cédric me muestra el cuaderno en el que dibuja lo más representativo de cada etapa, convirtiendo cada día del camino en una verdadera obra de arte. Ahora, tanto éste como su blog sufren el abandono por falta de tiempo y dedicación desde hace varios días, algo de lo que me siento responsable, incluso culpable. Sus ojos verdes relampaguean cuando lo expreso en voz alta, a lo que contesta que el retraso merece la pena si es el precio que tiene que pagar por caminar junto a mí. Una voz en mi interior me dice "Bésalo", pero se me adelanta el grito de "¡La cena está preparada!" de Paolo, que irrumpe en ese instante rompiendo el hechizo que había impregnado nuestra habitación.

Un plato sencillo, lentejas con verduras y fideos, conforma el plato principal que parece guisado pensando en mi añorada y tan deseada legumbre. Al aroma y sabor del mismo se une la animada conversación con el resto de peregrinos sentados a la mesa, un placer para todos los sentidos. Felicito a la cocinera, una anciana siciliana que vive en Milán, quien piensa que soy adorable y se interesa por mis orígenes y mi edad, pues "pareces muy joven" me dice y, volviéndose a Paolo, añade "¿tú qué opinas? Yo no le doy más de veinte". Paolo ríe y, encogiéndose de hombros, confiesa saberlo por el carné de identidad, que me pidió para hacer el registro al llegar. No puedo evitar reír al ver cómo la anciana atraviesa a Paolo con la mirada llena de curiosidad y éste, sin oponer resistencia a sabiendas de que tiene todas las de perder, añade que tenemos la misma edad, ante lo cual no sólo se asombra la anciana sino también yo, que no puedo evitar reír a carcajadas, al igual que una pareja sentada junto a la anciana. Se trata de Kevin y Jarka, dos ingleses sumamente abiertos y alegres que comenzaron a caminar en Vevey, Suiza, y cuya intención es llegar a Roma. Junto a ellos, está sentada otra pareja de Turín que comenzó a caminar desde allí para detenerse en Piacenza. Frente a mí, un profesor alemán, procedente de Berlín, habla en su lengua natal con Cédric, sentado a mi lado. Al otro lado de la mesa, distingo a la pareja de italianos, con la que coincidimos en Santhià, Stefano y Samantha, así como la pareja holandesa y otras caras desconocidas de habla italiana. El ambiente no puede ser más agradable y me recuerda al Camino de Santiago, donde abundan los albergues a cargo de hospitaleros voluntarios, caracterizados por acoger a los peregrinos con una sonrisa y cocinar para ellos con la voluntad dada por aquellos que los precedieron, compartiendo no sólo comida sino también vivencias.

La lluvia repiquetea contra el tejado de nuestra habitación midiendo nuestras ganas de postre en Grom. La rápida rendición de Cédric después de las altas expectativas generadas en torno al mismo, más aún cuando Sienna, próxima parada con Grom, queda tan lejos, me sorprende. Decepcionada y enfadada ante la idea de quedarme sin postre por un fenómeno meteorológico tan frío como el mismo, si no menos, pienso en la forma de llegar a la heladería sin arriesgarnos a una pulmonía. Disponemos de una hora hasta el cierre del albergue y el taxi no es una opción con las calles peatonales que predominan a su alrededor, al estar ubicado en el casco antiguo de la ciudad. Según el mapa, sólo diez minutos a pie nos separan de nuestro destino; si corremos, quizá cinco. Pienso en voz alta y noto cómo Cédric, sentado en la cama, me mira entre incrédulo, sorprendido y esperanzado. Entre risas, como niños a punto de hacer una travesura, pero centrados en su correcta ejecución, como si de una misión se tratara, salimos a toda prisa vestidos para la lluvia, a excepción de mis pies, calzados con sandalias para preservar las botas secas para la caminata de mañana. Un atónito Paolo nos ve partir, primero a mí y a Cédric tras de mí, móvil en mano como guía, bajo una cortina de lluvia. Mis piernas reaccionan al contacto con la lluvia acelerando el paso, mientras los gritos de Cédric a mi espalda confirman mi buena memoria en lo que a orientación respecta.

Nuestra irrupción en Grom no deja indiferente a la dependienta, que no puede evitar sonreír ante la estampa de mis empañadas gafas bajo la capucha de mi capa de lluvia marrón chocolate, la prenda perfecta para mantener alejada a la lujuria. Cédric pide el tamaño mediano para los dos y, con su sabor favorito en mente, elige antes que yo, que me decanto por probar la selección de chocolates que ofrece Grom. Nos sentamos en un sofá apartado y, cronómetro en marcha, saboreamos un helado convertido por los dos en premio de carrera y en elemento de motivación para la misma. Con tiempo para un segundo helado, al que se anima Cédric, emprendemos la carrera de vuelta al albergue, que inmortaliza con su cámara, sin importarle las quejas por mi vestimenta.

Con ropa seca, me acuesto pensando en las caras de reprimenda con que nos recibieron los hospitaleros a nuestra vuelta, tras degustar el ansiado helado con el que me he cobrado la apuesta del lago ¿Por qué será que los días junto a Cédric, con tal cúmulo de anécdotas y momentos únicos, se me antojan infinitos, como si estuvieran compuestos por semanas en lugar de veinticuatro horas? Lo miro en la cama ubicada frente a la mía, separada por una mesilla, y nuestras miradas se cruzan. Me desea buenas noches y me agradece el día de hoy, pero la agradecida soy yo, pues con él siento revivir a la niña que habita en mí.

20

La ruta Gorges des Noailles es un regalo para los sentidos, con el sonido del río Loue abajo, a mano izquierda, y el sendero que lo esquiva siguiéndolo por las alturas integrado en el bosque. Disfruto de las subidas y bajadas del camino, cual montaña rusa natural que precisa del apoyo de pies y manos en algunos tramos y que me hace recordar las carreras de obstáculos en las que solía participar. En algún punto, el sendero es tan estrecho y la pendiente tan acusada, que resulta fácil imaginar precipitarse por ella ante un paso en falso, pues la mochila no haría más que contribuir a la pérdida del equilibrio. Respiro aliviada al comprobar mi buena forma física, que Anthony admira por ser mejor que la suya, si bien en otro tiempo no tenía nada que envidiar a la mía.

Anthony era bailarín profesional, de claqué fundamentalmente, deporte que había practicado desde niño, junto al swing y la bachata, entre otros; incluso llegó a preparar una función en solitario que no gozó del éxito esperado tras su estreno. No por ello lo dejó, y siguió dando clases de baile hasta que se lesionó diez años atrás. Desde entonces, sin nada que perder y mucho que ganar, con su labia como mejor baza, había conseguido acceder al mundo cinematográfico llegando a asumir, con el tiempo, un puesto de responsabilidad como coordinador de producción. Ahora asume una producción al año y vive en Europa el resto del tiempo, pues detesta el acelerado ritmo de vida inherente a los Estados Unidos.

Tras escuchar la historia sobre mi inestable e insostenible situación profesional, me desconciertan sus palabras "en el fondo, ya has tomado una decisión; ahora sólo tienes que ponerla en práctica, y tienes la valentía necesaria para hacerlo". Pero, ¿y si en el fondo es el miedo el que me hace abandonar el proyecto que tengo entre manos y que parece tener éxito, a sabiendas de lo difícil que es mantenerlo? El miedo, siempre el miedo, como si este mero pensamiento no fuera fruto del mismo, aquel que me impide avanzar y me mantiene donde estoy, en mi zona de confort pues, al menos, es conocida. ¿Quién sabe si, de dejar el trabajo, no estaría igual o peor? ¿Acaso no soy yo la que me exijo tanto? Más miedos, pues sé que eso es algo que sólo depende de mí, pero que está en mi mano modificar en cualquier momento y lugar.

Anthony me hace ver que, si bien él tuvo que empezar de cero, sin contar con la formación ni madurez necesarias, que sí ve en mí, no le faltaron oportunidades de trabajo. Según él, todo gira en torno a una palabra clave: confianza. "Si confías en ti, otros lo harán y podrás alcanzar lo que te propongas" me dice. Coincido con él y, aún así, rebato sus argumentos con las anclas que me han mantenido a flote hasta el día de hoy, a lo que reacciona con exasperación teñida de ciertas notas de ira. Se excusa como ser incomprendido cansado de intentar ayudar a amigos a los que dio finalmente por perdidos, tras ganar el trabajo la batalla, ante lo que concluyo que se rige por la ley del "todo o nada".

Decido cambiar de tema alabando el paisaje que nos

rodea y, conociendo mi afición por la montaña, me anima a recorrer el sendero Cresta del Pacífico, que discurre entre bosques y parques nacionales desde México hasta Canadá. Eso sí, exige planificación previa, pues pueden transcurrir días desde el paso por un área con servicios hasta la siguiente, además de tiempo, al comprender más de cuatro mil kilómetros, por lo que la mayoría de la gente invierte de cinco a seis meses en recorrerlos.

Con la mente en otros caminos, el actual nos da paso a la fuente de Loue, una cascada que mana de la cueva de una montaña esculpida en piedra, convertida en atracción turística por su belleza. Tras un breve pero necesario descanso, afrontamos una subida hasta Ouhans y su hermosa capilla Notre Dame des Anges. Sin detenernos, nos sumergimos en el bosque, que guarda una sorpresa preparada por otro peregrino con gracia. Sobre una piedra maciza, rodeada por otras de su misma forma y tamaño, descansan unas botas de montaña con lo que parece una lata de cerveza en el interior de una de ellas. El cuadro lo completan otras bebidas alcohólicas tras las botas y una caja de cigarrillos junto a la que parece engullir la lata. Una imagen nada apropiada para acompañar al peregrino en su recorrido por la Vía Francígena, pienso para mis adentros.

Dejamos a un lado múltiples campos a través de un camino asfaltado, atravesando zonas boscosas de tanto en tanto, hasta detenernos a comer algo de lo que cargamos en nuestras mochilas en una colina. Anthony comparte conmigo detalles de su pasada vida amorosa, cuya última relación con una sueca sigue en el aire, y espera que yo haga lo mismo, pero siento que es demasiado pronto. Hace tiempo que dejé de creer en el amor y se lo hago saber cuando, con sorna, me pregunta si me he enamorado de él, a lo que un rotundo no escapa de mis labios. "Nos parecemos más de lo que piensas" me dice, pero diría que es de los que se enamoran a primera vista y, por lo general, tan rápido como sube la pasión ésta baja a continuación.

Una flecha confusamente situada en el tronco de un árbol, justo ante una bifurcación del camino, hace que nos separemos para ver qué camino es el correcto. Tras varios metros sin encontrar una flecha o señal GR, decido volver sobre mis pasos hasta toparme de bruces con un Anthony que volvía para decirme que el camino que él seguía era el correcto. Así llegamos a Goux les Usiers y, poco antes de Vuillecin, vemos a otro peregrino caminar por delante hasta detenerse, como si esperara a que le diéramos alcance. Al aproximarnos, Anthony lo reconoce y saluda como Lindsey, quien me tiende la mano y se presenta como un escocés, ya jubilado, que ha recorrido en varias ocasiones el Camino de Santiago y ahora se propone llegar a Roma. Freno mi paso al notar su respiración acelerada, pero mi compañero no hace lo mismo y Lindsey, lejos de seguir mi ritmo, se obliga a seguir el de Anthony, que parece no darse cuenta de las limitaciones del escocés, que sueña con llegar a Pontarlier para tomar una cerveza, a pesar de que el lugar destaca por su producción de Absenta.

Tras casi doce horas de camino desde que dejáramos Ornans, mi ligera cantimplora me alerta de la necesidad de rellenarla. Un cementerio a pocos metros de donde estamos me salva. Así es como aprendo de la mano de Lindsey que allí donde hay un cementerio hay agua, ya sea dentro o fuera del recinto.

La entrada a Pontarlier, ubicado a ochocientos treinta y siete metros de altura al estar inmerso en las montañas del Jura, se me hace eterna, quizá porque una recta y llana carretera parecía conectarlo con Vuillecin hasta que finaliza y me doy cuenta de que aún hay que afrontar un largo camino por la periferia hasta cruzar el río. Finalmente, llegamos a su centro enmarcado por una gran puerta de piedra, que atravesamos en busca del Youth Hostel, ya que a estas horas encontramos cerrada la parroquia que acoge a los peregrinos. Una vez instalados, cenamos kebab en un lugar que prepara unos copiosos platos combinados de lo más sabrosos, que incluyen carne, ensalada, cuscús y patatas fritas. Es, sin duda, el mejor que he probado, aunque he de reconocer que es un plato que no tengo por costumbre comer en España y, pensándolo bien, no he llevado nada a mi boca desde el mediodía y, sin embargo, no he parado de caminar en todo el día. Lindsey no oculta su asombro al verme terminar el plato que, bien mirado, tenía el tamaño de una bandeja. "Con esos buenos modales y recta postura apenas notaba que comieras" dice con unos ojos boquiabiertos como platos mientras él, entretenido como está con su tan soñada cerveza, no da abasto para terminar su plato. Anthony ríe y yo le sigo, mientras me excuso con que apenas había comido, lo cual no deja de ser un error porque con ello me gano una reprimenda de vuelta al hostal. Preocupado por mi salud, Anthony me sermonea sobre cómo influye una mala alimentación en las lesiones de los deportistas, algo de lo que soy consciente. Además, lo encuentro exagerado dada la excepcionalidad de las circunstancias y poco convincente viniendo de una persona que sigue una dieta rica en azúcar refinado.

21

Desvelada por el sonido de la lluvia, permanezco en vela las cuatro horas previas a que suene la alarma del despertador. Un refrescante desayuno con café recién hecho y galletas sustituye al diario brioche al tiempo que tira de mí con fuerza hacia la ciudad a pesar de la intensa luvia. Cédric se desprende, por fin, antes de salir del albergue, de su detergente para lavar la ropa a máquina, motivo suficiente para sacarme una sonrisa en un día que no parece haber empezado con muy buen pie en términos de climatología.

Echo en falta las botas de Goretex mientras nos despedimos, a paso ligero, de Vercelli. Me pego todo lo que puedo al pretil del arcén de la carretera pues, a pesar de que no son ni las siete de la mañana, con la intensa lluvia, está muy transitada. Mis zapatillas ya están caladas y apenas veo nada a través de las gafas, por lo que me veo obligada a prescindir de ellas. El estrecho arcén no nos libra de recibir el agua que los camiones levantan a su paso y oigo a Cédric, a mis espaldas, más allá de la cortina de agua, decir que no puede creer que estemos caminando en semejantes condiciones. Bien pensado, si no fuera porque nos hemos propuesto llegar a Roma y cada etapa bien puede equipararse con una jornada laboral, en un día como hoy me quedaría en casa bajo una amorosa manta, sentada en el sofá, disfrutando de una película y de una taza de té bien caliente entre mis manos.

Llegamos a Palestro con el frío como mejor motor para mantener el ritmo. Allí pregunto a una señora por una cafetería donde entrar en calor y ésta nos señala una pastelería al final de la calle, descartando sutilmente los bares previos. Nos sentamos en la única mesa libre y descubrimos a la joven pareja de holandeses en una mesa al fondo, junto a la ventana. Una taza humeante de café que envuelvo con mis manos y un cambio de calcetines no bastan para deshacerme del frío y Cédric me presta un polar que sumo, agradecida, a las numerosas capas que llevo encima.

La lluvia cesa y cede el relevo al capuchino, napolitana de chocolate y ropa seca como grandes aliados para mantener el calor hasta Robbio. Caminamos entre paisajes melancólicos de arrozales de un vivo color amarillo que contrasta con el dramatismo de un cielo gris y tormentoso. El frío se apodera de mí nuevamente, cebándose en mis manos, que froto con energía en un intento por recuperar la sensibilidad de mis dedos. Cédric se percata de ello y me coge una mano para cubrirla con la suya, increíblemente caliente, y hace luego lo mismo con la otra, ayudándome a entrar en calor.

Para cuando llegamos a Robbio es la hora de comer y nos dirigimos a una pizzería con horno de leña, pero el menú del día nos tienta y decidimos dejar la pizza para otro día; al fin y al cabo, el camino por tierras italianas no ha hecho más que empezar y habrá más ocasiones de probar semejante manjar para el paladar. Sigo llevando su jersey polar verde cuando dan las tres de la tarde y Cédric decide inmortalizarme con él mientras hablamos de nuestra infancia y familia. Intento imaginar al tímido niño de ojos verdes y mente adelantada para su edad, sumamente creativo e incomprendido, por ese motivo, por algunos profesores. Un niño empático y sensible al que le tocó lidiar con la separación de sus padres a los diez años de edad. Imagino que no debió de ser nada fácil pues intuyo, por su carácter introvertido, que guardaría sus preocupaciones para sí mismo. Sentado frente a mí, veo al niño convertido en hombre tras haber superado su propia carrera de obstáculos que, sin duda, han contribuido a forjar su fortalecido carácter actual.

Aunque el camino de Robbio a Nicorvo no tiene más de siete kilómetros, el frío los magnifica. Cédric intenta distraer mi atención con su soñado corte de pelo, incluso bromea con teñírselo de verde y amarillo, los colores de San Rocco, para robarme una sonrisa. Su sugerencia socarrona de teñirse el vello púbico en los mismos tonos como forma de atraer la atención de los Carabinieri hacen que acabe desternillándome de la risa. Hablando de pelo, aprovecho para retarle a no afeitarse en una semana, pues lamenté que lo hiciera ayer. Y, aunque la idea de dejarse barba no le resulta atractiva, mi sexto sentido me dice que lo intentará con un inesperado a la vez que asombroso resultado.

Distraída, Nicorvo se presenta ante mis ojos como un pueblo casi fantasma, construido en línea en torno a la carretera, con la iglesia en el centro y un bar frente a esta. Encontramos el albergue junto a la iglesia, donde ya están instalados los italianos y holandeses, que nos conducen a una habitación libre con dos camas separadas para nosotros. Samantha critica la escasa limpieza del lugar y me confiesa que ha tenido que adecentar el baño antes de ducharse, lo cual le agradezco, pues es una ducha de agua hirviendo lo que mi entumecido cuerpo necesita en estos momentos. En efecto, ésta me devuelve a la vida y me permite disfrutar de mi selección de canciones en Spotify, que Cédric no pierde ocasión de calificar como de escaso gusto musical. Por un momento había olvidado que es guitarrista profesional y, como tal, tiene un sibarita oído musical. El arte de la música conduce al de la pintura cuando la memoria selectiva de Cédric devuelve al presente el cuadro "Las tentaciones de Carlota", para el que serví de musa, cuando tenía diecisiete años, al pintor aragonés Eduardo Laborda y del que debería haber presumido, según él, desde el día en que nos conocimos.

Encontramos a Stefano y Samantha en el bar a la hora de cenar y a ellos nos unimos en la degustación de una lasaña congelada cuyo sabor a duras penas consigue mejorar un helado de la marca Grom. Una entusiasta Samantha, de treinta y nueve años, gobierna la conversación en torno a su trabajo en el teatro y como voluntaria, a tiempo parcial, en un albergue en Lucca, la ciudad donde residen y a la que se dirigen. Stefano, unos años mayor que ella, viaja mucho por motivos de trabajo y esta es una de las escasas ocasiones en las que han coincidido para hacer un viaje juntos. Aun a pesar de la edad, está claro quién de los dos manda en la relación. Nos animan a tomar algo con ellos en un bar irlandés no muy lejos de allí y Cédric disfruta ya sólo con ver la carta de cervezas que ofrecen y que tanto le recuerdan a su tierra. Busca en ella opciones de té para mí, un gesto dulce pero insuficiente para ampliar la carta a mi gusto y sucumbo, finalmente, al tiramisú de cerveza, especialidad de la casa.

De vuelta en la habitación, masajeo mi dolorido pie izquierdo con la crema elaborada a base de aceites esenciales pues, tras una semana sin realizar los ejercicios de rehabilitación ni el reposo que me recomendaron, empiezo a notar las consecuencias. Observo a Cédric en su intento de hacer lo mismo y empatizo con su pie que, sin posibilidad de queja, se resigna a los embistes de su dueño. Me ofrezco a hacerlo yo, tratando de reproducir el movimiento de las manos de un antiguo bailarín acostumbrado a tratar sus propias lesiones. Cédric no puede evitar reír al contacto con mis manos, tan sensible como el niño que fue y que sigue habitando en él, antes de relajarse y disfrutar con el masaje.

22

Tras desayunar en el Youth hostel, Lindsey, Anthony y yo nos preparamos para afrontar la última etapa francesa antes de cruzar la frontera con Suiza. Me fascina la idea de llegar hoy a Jougne, una ciudad francesa que limita con Suiza a 1000 metros de altura, y que constituye uno de los cauces para atravesar las montañas de Jura.

Lindsey sigue las indicaciones de la app mientras trata de responder a preguntas metafísicas y existencialistas tan complejas como el origen de la vida y el sentido de la misma. Escucho una conversación que ya me es familiar con otro punto de vista interesante. Resulta agradable no ser el foco de atención de Anthony por un momento y más aún que haya dado con alguien, como Lindsey, que habla más que él. Pero el camino asciende y Lindsey pierde fuelle a cada paso, hasta el punto de detenerse y animarnos a continuar sin él. "Antes o después tenía que pasar, pues vosotros camináis más rápido que yo, aunque… también sois más jóvenes" añade. Algo me dice que pensaré en él cada vez que entre en un pueblo, con su teoría de que allá donde hay una torre hay una iglesia y, junto a ella, siempre hay un bar que sirve cerveza.

Seguimos los raíles del tren, a mano derecha de la senda

que surca el bosque y desemboca en una explanada con una bifurcación que nos hace dudar, pues las instrucciones de la guía son confusas. Así es como, poco después de dejar a Lindsey, nos perdemos, lo que me enfurece, mientras que a Anthony parece encantarle y, en voz alta, me pregunto si no habrá acelerado el paso para dejar atrás a Lindsey y volver a estar a solas conmigo. Unos ojos traviesos responden por él y yo los evito intentando buscar la manera de volver al camino que nos conducirá a Jougne. No resulta complicado regresando sobre nuestros pasos hasta la bifurcación en la que ahora, sin posibilidad de error, escogemos el camino por carretera que nos conduce hasta Val de Travers, para adentrarnos en el bosque poco después.

Guiados por las características rayas rojas y blancas pintadas en los troncos de los altos abetos que pueblan las montañas del Jura, Anthony intenta convencerme sobre los beneficios del cannabis, del que se define como consumidor ocasional. Le confieso que es un hábito que no me ha atraído nunca, al igual que el tabaco, cuyo olor me resulta difícil de soportar. Por fortuna para la economía y la salud de la familia, salvo mi tío, ninguno fumamos, e incluso él ha intentado dejarlo en más de una ocasión, consciente de que hace un flaco favor a su bienestar y a su bolsillo manteniendo el vicio.

Como si estuviéramos destinados a perdernos cada vez que afrontamos una subida, desorientados en lo alto de la montaña después de muchas horas caminando y, en cambio, pocos kilómetros de la vía avanzados, nos vemos obligados a recurrir a la tecnología, cual salida de emergencia en una situación desesperada. El gps no nos ubica correctamente en el mapa, dada la altura, y tampoco incluye todas las sendas por lo que, aun con todo, nos cuesta encontrar el camino de vuelta en lo que parece una carrera por sortear obstáculos, como vallas con alambre de espino, riachuelos encubiertos por la maleza, y el fango de la lluvia de los días previos. Cuando, finalmente, el gps nos ubica en el camino correcto, mi pie izquierdo se queja, dolorido por la sobrecarga, por lo que respiro aliviada cuando una hora después llegamos a Les Fourgs y entramos en un restaurante a comer.

El lugar está lleno y enseguida entiendo por qué. Un chico joven se acerca a tomarnos nota y, una vez nos canta el menú del día, los dos nos decantamos por él. Una deliciosa ensalada mixta, de lo más completa y bien aderezada avisa a nuestro estómago de que va a tener trabajo, de modo que cuando llega la carne guisada con cebolla, zanahoria y patatas, este está listo para afrontarlo. Un pastel de manzana completa esta copiosa comida en alimentos y confesiones que, sin sospecharlo todavía, alterarán el curso natural de los acontecimientos.

El pie, lejos de agradecer el descanso, opone si cabe mayor resistencia a seguir avanzando por la carretera que conecta Les Fourgs con Les Hôpitaux-Neufs, donde me veo obligada a parar en una farmacia. Con una crema para masajes a base de aceites esenciales en la mano izquierda, y el móvil en la derecha tratando de localizar alojamiento cerca, sentados en la terraza de un bar con wifi, Anthony se ofrece para preguntar en los alrededores y evitar que tenga que forzar el pie más de lo necesario. La única opción disponible, según Booking y lo que ha averiguado Anthony, es un camping situado de camino a Jougne, a pocos metros de donde nos encontramos. Incluso Jougne, situado a tres kilómetros de distancia, tiene todas sus opciones de alojamiento completas. "No he acampado nunca y ni siquiera llevo tienda conmigo, por lo que no es una opción para mí", digo, a lo que Anthony responde que puede compartir la suya conmigo. Limitada por el dolor, sin otras alternativas a la vista, agradezco su propuesta y me dirijo hacia el camping con los pies de plomo de quien sabe que se mueve por arenas movedizas.

La tienda de campaña de Anthony es la básica de Decathlon, de dos plazas y poco más de dos kilos que, en un día como hoy, aprendo a montar. Descubro que es mucho más fácil de lo que esperaba, incluso es lo suficientemente amplia por dentro como para instalar en ella todas nuestras pertenencias, incluidos nosotros, sin agobio. Anthony improvisa un picnic a modo de cena y me muestra los servicios del camping a sabiendas de que es la primera vez que me alojo en uno. Además de tiendas de una, dos o más plazas, hay quien se aloja en caravana, o bien en lo que parecen casas prefabricadas transportables, algunas con porche incluido. Busco una mochila azul de gran tamaño junto a una tienda de campaña pequeña e inspiro con fuerza esperando percibir el olor a café recién hecho proveniente de la Nespresso portátil de Lindsey, pero no parece que el escocés se encuentre aquí, pues ni la vista ni el olfato tienen suerte en su intento por dar con otra cara amiga.

Agradezco que las duchas estén frente a la tienda de Anthony ahora que se ha puesto el sol y la temperatura es más baja. Con el pelo mojado y sin posibilidad de secarlo, cubro la distancia hasta la tienda todo lo rápido que mis pies toleran. En su interior hace calor y, a pesar de que me opongo, Anthony coloca la esterilla aislante bajo mi saco de dormir para que no pase frío durante la noche. Afirma que él siempre tiene calor y que servirá de estufa para los dos. Antes de acostarme, inspecciono mi pie izquierdo y extiendo sobre este la crema que he adquirido en la farmacia. Noto un bulto en el talón de Aquiles y bastante molestia en la planta del pie, que Anthony toma alegando experiencia en lesiones de su época de bailarín, en la que ejercía de masajista casi tanto como de deportista. Tan pronto como sus dedos recorren las distintas partes de mi pie doy fe de ello, así como del efecto de la crema que, aún minutos después de terminado el masaje, genera un caluroso hormigueo que me incita al sueño.

23

Me despierto como si apenas hubiera dormido y lo sucedido ayer, tras acostarnos cada uno en su cama, hubiera sido un sueño, uno de los pocos que tengo el privilegio de recordar. Comienza con un masaje de pies, al que le sigue una conversación en penumbra, iniciada por Cédric que, tumbado en su cama, me agradece no sólo el masaje, sino también el hecho de que camine con él. "Eres maravillosa, única, tan especial que me siento honrado de caminar a tu lado" escucho y, como si la reiteración de sus agradecimientos sirvieran de grúa, me veo impulsada a levantarme y a situarme junto a su cama para recordarle que el partido está empatado en lo que a agradecimientos se refiere. Pero él persiste en su monólogo de alabanzas hacia mí, y yo, sentada en su cama, no puedo evitar preguntar "Entonces, ¿por qué no me besas?". Su respuesta "No me atrevería a hacerlo" me sorprende y exaspera, pero yo sí me atrevo a dar un paso por el que ya fui rechazada en el pasado. Quien no arriesga, no gana, me digo, mientras lo beso y él me besa de vuelta, con decisión, lejos de oponer resistencia. Por primera vez en mucho tiempo me siento viva, alegre, así que cuando la alarma me trae de vuelta del desvelo originado por un beso apasionado, el primero de muchos, espero, no me importa y sonrío.

Cédric se levanta antes que yo e insiste en compensarme por el masaje de pies de ayer aplicándome la crema del sol. Se nota que es la primera vez que lo hace y le agradezco ese dulce gesto que, sin duda, no está exento de esfuerzo para él. Como si este sólo fuera el comienzo de un gran día, un Nicorvo envuelto por la niebla nos recibe al salir del albergue. Sumidos en un paisaje idílico de campos de trigo, a lo largo de una carretera poco transitada, Cédric me agradece el paso dado ayer y confiesa que él había estado tentado en más de una ocasión, pero que el miedo a perderme lo había mantenido a raya en todas ellas. "He estado caminando solo dos meses con numerosos días en los que no coincidí con nadie y otros en los que conocí a gente de la que me despedí con el deseo de continuar solo. Ahora, después de estos días caminando contigo, no concibo la idea de caminar solo de nuevo". Su confesión me abruma y pienso en ella mientras llegamos a Mortara cogidos de la mano.

Visitamos la Parroquia de San Lorenzo, que recoge una cueva con la Virgen de Lourdes representada en su interior y, a la salida, paseamos por un mercado al aire libre ubicado en la plaza principal, donde algunos artistas exponen sus obras de arte y otras manualidades. Retomamos el camino hacia Tromello, monótono salvo por la focaccia de aceitunas que degustamos y que mantiene el gusanillo del hambre alejado hasta que llegamos a Tromello. Allí encontramos una Trattoria que, a pesar de tener la cocina cerrada, nos acoge en una mesa apartada de un vacío salón con decoración cien por cien italiana. La matriarca de la familia y la que dirige el local está decidida a alimentarnos como buena mamma y comienza a agasajarnos con unos espaguetis a la boloñesa, los mejores que mi memoria recuerda haber probado, a los que siguen una carne guisada con ensalada. Cédric pide una copa de vino y la mujer, que trae una jarra de medio litro, ante el lenguaje de gestos de él tratando de expresar lo mucho que es para uno, vuelve con una segunda jarra, ante los ojos atónitos de un Cédric confundido. Río ante la graciosa escena e intento tranquilizar a Cédric pues, sin duda, la anciana ha interpretado que la primera jarra era, según él, sólo para uno y, como éramos dos, ha traído una segunda. Abandonamos el local agradecidos, con Cédric haciendo uso del traductor de Google para excusarse por el malentendido del vino, a lo que la anciana resta importancia con una amplia sonrisa y un sinfín de buenos deseos para los dos.

Atravesamos una plaza con un bar a mano derecha cuya terraza está llena de señores mayores que detienen, a nuestro paso, su juego de cartas para desearnos Buen Camino. Cuando, unos metros más allá, salimos de la iglesia, un hombre montado en bicicleta sale a nuestro encuentro. Se presenta como Carlo, el encargado del albergue para peregrinos ubicado aquí, en Tromello, donde nos invita a tomar asiento, mientras nos ofrece agua, sello, pin y un certificado de paso; un completo de lo más inesperado.

Con el estómago lleno y un sol de justicia, encaramos la última hora de camino hasta Garlasco, nuestro destino. Este nos recibe con el bullicio propio de un lugar que se prepara para celebrar una gran fiesta. Víspera de San Rocco, hay mercados, atracciones para los niños y puestos de comida para distraer a los adultos. El albergue de peregrinos está ubicado junto a la iglesia de San Rocco, en pleno centro, aunque escondido en una plaza que conecta con la calle principal a través de una calle peatonal. Diana nos recibe junto a su hija y, mientras relleno nuestros datos, Cédric se entretiene hablando con los italianos, Samantha y Stefano, que ya han llegado. El pie lesionado de ella no le ha permitido caminar todo el recorrido y ha tenido que coger el autobús para superar el último tramo. Nos enseñan el dormitorio con dos literas y, tras dejar a Cédric la litera de abajo y quedarme yo con la de arriba, mientras él escribe, me meto en la ducha con mi música favorita sonando de fondo.

Cogidos de la mano, salimos del albergue para entremezclarnos con la gente, satisfechos con la colada terminada como niños con los deberes escolares hechos, listos para satisfacer nuestros estómagos. Vemos una pizzería con horno de leña y, sentados en dos banquetas dispuestas bajo una barra junto a la ventana, compartimos una Capresse mientras reímos con solo mirarnos. Vamos en busca de nuestro postre a la heladería que hemos visto al llegar, donde otros como nosotros disfrutan del helado que acaban de pedir sentados fuera, en unos bancos. Los imitamos y, con la urgencia que marca el ritmo al que se derrite el helado, nos apresuramos por terminarlo sin perder una gota de semejante manjar de pistacho, chocolate negro y caramelo en mi caso. Hablamos de la ilusión de la infancia, de la importancia de mantenerla viva, así como de la vejez y del valor de envejecer bien, recordándonos de niños, así como a nuestros abuelos que, como nosotros, también lo fueron.

Nos dejamos llevar por la gente hasta un parque no muy lejos de allí donde, junto a puestos de comida, un escenario aguarda la puesta en escena de un grupo al que el público espera con impaciencia. Sentados a pocos metros del escenario, entre efectos de luces y música procedente de algún lugar opuesto al escenario, nos besamos con la soltura de quienes no se besan por primera vez, con paciencia, sin prisa y, sobre todo, con mucha ternura.

24

Cuando abro los ojos descubro que Anthony ya está despierto, vuelto hacia mí, observándome. "Eres tan hermosa" me dice, a lo que sonrío con una muda negación gesticulada con la cabeza. "La belleza es algo relativo" le digo mientras me incorporo, pero él añade convencido "Eres preciosa y no te quieres dar cuenta. Y no estoy hablando sólo de tu físico, sino también de tu personalidad. Si supieras el efecto que generas" y hace una pausa antes de continuar "tienes mucho potencial, sólo tienes que creértelo". Quizá, pero estoy cansada de oír hablar de potencial, del talento que todos tenemos y aspiramos a descubrir y desarrollar al máximo para tener éxito en la vida. Pienso en cómo me gustaría trabajar en algo que me hiciera disfrutar pero, ¿qué me hace disfrutar?, ¿cómo mantener la pasión y la motivación?, ¿cómo no perder el interés una vez superado el reto? Admiro a aquellas personas que dedican su tiempo a desarrollar un trabajo vocacional, con la certeza de estar desempeñando aquello para lo que están destinados. Pienso en lo gratificante que debe de resultar, al tiempo que me pregunto cuál es mi papel en este mundo y qué podría hacer para mejorarlo. Sin hallar respuesta ahora ni en reflexiones previas, me convenzo de que quizá no deba dar con ella todavía. Paso a paso, seguiré caminando, pues ¿acaso la vida no es sino un camino que tenemos el privilegio de descubrir conforme lo recorremos, cada uno a nuestro ritmo?

Observo a Anthony realizar sus ejercicios de yoga, como cada mañana, controlando su respiración, el mejor ancla para conectar con el cuerpo, escucharlo y poder cuidarlo. Recuerdo a Ana, mi profesora de yoga en la universidad, que no dudaba en corregir mis posturas hasta hacerme flotar con ellas incluso en época de exámenes. Desde entonces, he probado muchas otras clases de yoga, pero ninguna se acerca lo más mínimo a esa forma de guiar pues, lejos de relajarme, sólo consiguen estresarme e impacientarme. Cuando lo comento con Anthony, asiente pensativo y me sugiere hot yoga, una modalidad más activa que, según cree, se ajustaría más a mi forma de ser y condición física.

Mis pies han respondido milagrosamente bien a las terapéuticas manos de mi compañero de ruta y me permiten continuar hasta Jougne, donde paramos a desayunar en una pequeña y acogedora pastelería, antes de iniciar la subida a la Capilla de San Mauricio. Esta es la antesala de Suiza, a la que cruzamos poco después de encontrarnos a una pareja que camina en sentido inverso y que nos señala la cuerda de separación que permite poner un pie en Francia y otro en Suiza. El camino alterna tramos de carreteras poco transitadas con zonas boscosas cubiertas de un manto verde, atravesando Bellaigues, Lignerolle y Les Cées, desde cuyo castillo se observa la colina de Jougne.

Sin proponérnoslo, escogemos las rutas alternativas más largas para llegar a Orbe, pero las vistas no permiten lamentos a este respecto. Una senda se abre paso junto al río, entre rebaños de ovejas, puentes para salvar pequeñas cascadas y merenderos con áreas para acampar en plena naturaleza. Resguardado por paredes montañosas de roca, el camino asciende y dos señoras suizas nos animan a continuar juntos la hazaña que comenzamos por separado, sin perdernos otro de los atractivos de esta senda, las cuevas que sorprenden en medio del camino y que recuerdan a cámaras frigoríficas. Acabo de llegar a Suiza y me siento completamente hechizada por sus encantos, que persisten durante todo el descenso hasta Orbe, cuyas calles y viviendas tampoco escapan a esta impresión. Atraídos por un río, dejamos el camino para hacer un alto en el camino a la orilla del mismo. Allí sentados, nos convertimos en el objetivo de las cámaras de otros transeúntes que, sin mochilas, disfrutan de una tranquila excursión por los alrededores.

El corazón de Orbe nos acoge después de atravesar un inmenso campo de fútbol y afrontar una cuesta nada desdeñable al otro lado del río. Hambrientos, nos sentamos en una terraza que encontramos para tomar un kebab que resulta de lo más decepcionante tras el de Pontarlier, sobre todo, porque lo que nos sirven no se corresponde con lo que hemos pedido, por no hablar de la calidad del producto. La oficina de Turismo cierra mientras comemos, por lo que recurrimos a mi guía en papel para encontrar alojamiento. Decidimos probar suerte en la parroquia católica, que tiene una casa anexa de acogida a peregrinos. Allí conocemos al Padre Christopher, sudamericano, con el que tengo el placer de comunicarme en español. Si bien al comienzo se muestra reacio a acogernos por falta de espacio, tras unos minutos se resuelve a ubicar dos camas en el salón para nosotros, al estar ocupada la habitación principal por un ciclista al que ya ha dado acogida. Sin deseo de menospreciar el camping de ayer, las instalaciones de la casa parroquial, con cocina, baño amplio, zona de jardín con porche para tender la ropa y, sobre todo, camas con apropiados colchones y almohadas, se me antojan sencillamente perfectas. El único inconveniente es que no dispone de conexión wifi, al igual que el camping de ayer, lo que me impidió dar señales de vida a mi familia, algo que me siento en la obligación de arreglar hoy. Por ello, salgo decidida a encontrar un sitio donde conectarme y, de paso, comprar fruta para el camino. Con lo que no cuento es con que hoy, miércoles treinta y uno de julio, es víspera de festivo en Suiza, por lo que los comercios cierran antes de tiempo. Mi búsqueda de wifi tampoco es sencilla y sólo consigue sus frutos con la ayuda de una chica joven a la que pregunto, no sin desesperación, tras haber recorrido sin éxito casi todas las callejuelas de la ciudad. Sentada, como me sugiere, en los bancos situados a la salida del hospital, recibo un sinfín de mensajes acumulados de mi madre, tía y hermanos, preocupados ante la falta de noticias mías. Tras explicarles lo ocurrido, insisto en que estén tranquilos si algún día no escribo, pues algo me dice que habrá días, como los últimos, en los que será difícil, sino imposible, encontrar conexión.

Antes de abandonar la casa parroquial, Anthony me reprocha el motivo de mi salida, pues no concibe malgastar el tiempo presente, la experiencia del camino y lo que ofrece, con las distracciones de lo que dejamos atrás. La diferencia es que él está solo en el mundo y yo tengo una familia que me quiere y apoya siempre, a la que no debo ni quiero abandonar por un único y sencillo gesto, como es escribir dónde y en qué estado estoy. Me enfurece el hecho de que intente imponer su criterio en todo momento, cuando el mío difiere del suyo, y no lo consiento, por lo que me marcho con evidente enfado reflexionando sobre lo lejos que estamos el uno del otro, por mucho que parezca leerme el pensamiento, terminar mis frases, coincidir en gustos y hacerme sentir cómoda y mejor que bien la mayor parte del tiempo. Cuando vuelvo a gusto conmigo misma, convencida de que hago lo correcto, un Anthony arrepentido insiste en que me siente frente a él para pedirme disculpas por su comportamiento. Se ve que ha madurado internamente los hechos y, desde la empatía, coincide conmigo en criterio y en la importancia de una buena comunicación entre los dos. "No dejes de caminar conmigo" me dice y, acto seguido, me pide explorar mis pies para ver cómo están después de la caminata de hoy. Aguanto el primer asalto, cargado de su intensa mirada, al igual que el segundo, mientras masajea primero un pie y luego el segundo, hasta que acerca su cara a la mía y susurra "Desearía poder besarte". Instintivamente, miro sus labios y, como si ese simple gesto fuera sinónimo de permiso, noto sus labios sobre los míos, un contacto que creía olvidado después de catorce años sin experimentarlo. Tras los rechazos que han caracterizado mi pobre y desafortunada vida amorosa, me dejo envolver por esa agradable sensación de sentirme querida que, hasta ahora, consideraba que me estaba siendo negada, por alguna razón, fuera de la amistad y del ámbito familiar.

25

Alargo el brazo para hacer callar al despertador pero, desde la litera de arriba en la que estoy, sólo logro sentir la mano de Cédric, que busca la mía, mientras la alarma insiste en sacarme de la cama. Me dirijo al baño tratando de no molestar a los italianos, que continúan inmóviles en la litera frente a la nuestra. Afuera llueve a cántaros y casi toda la ropa que lavamos ayer continúa mojada, por lo que nos vemos obligados a meterla en bolsas para cargar con ella, ante la falta de sol, dentro de la mochila. Nos resguardamos en la primera cafetería abierta confiando en que la lluvia amaine mientras desayunamos un café servido con brioche y galletas de mantequilla, perfectas para entrar en calor antes de resignarnos a una mañana pasada por agua. Los colores del arcoíris enmarcan a nuestra espalda la ciudad de Garlasco, mientras el sol intenta abrirse paso entre las nubes negras que tanto dramatismo otorgan al paisaje de amarillos arrozales bañados por canales.

Camino con calcetines y sandalias, pues me resultan más cómodas que las zapatillas en días de lluvia, al no sentir el pie chapotear en su interior poco después de empezar a caminar. Así, cuando tras ganar la batalla a las nubes, el sol se impone en lo alto, mis calcetines y sandalias se secan poco después de salir de Vilanova d'Ardenghi. Unos diez kilómetros antes de llegar a Pavía, el camino sigue la orilla del río Ticino y ofrece un espectáculo para los sentidos, con la vegetación y fauna del lugar como principales protagonistas. Observamos pisadas de caballos en el sendero y los dos nos imaginamos recorriendo el resto del camino a caballo, al mismo tiempo que bromeamos con la reparación de un coche insalvable al que encontramos abandonado y devorado por la maleza del parque; pero también divagamos con la idea de hacer collage en el baño y, por qué no, escuchar la canción que Cédric preparó para la boda de su hermana Sandrine y que, por lo que me cuenta, él mismo se encargó de enterrar después de darle vida en la ceremonia. Alguna de estas ocurrencias se añaden a su nueva lista titulada "Inspirada por Carlota", donde dejar de remolonear ocupa el primer lugar. Me siento halagada por sus palabras y gestos, que ahora me invitan a posar bajo un árbol caído que simula un arco de entrada a la ciudad de Pavía, que ya asoma al otro lado del río Ticino. Un señor mayor nos da la bienvenida a una ciudad que promete ser hermosa. Pasa una hora del mediodía cuando Tiziano nos recomienda llegar al corazón de Pavía a través del puente que precede a Ponte Coperto, con el fin de disfrutar de este en todo su esplendor. Sorprendidos por su relato sobre su papel como compositor de canciones para Amadeo y otros cantantes de renombre, Tiziano se despide con más consejos a modo de obsequio, como el de visitar Corte Santa Andrea en los días venideros, e incluso alojarnos allí si podemos, o el de ver los fuegos artificiales que, con motivo de la Virgen del Rosario, alumbrarán el Ponte Coperto sobre el río Ticino esta misma noche.

Pavía no quiere ser menos y se suma con sus festejos a los encontrados en los finales de etapa los días previos. Numerosos puestos ofrecen, uno tras otro, en el margen del río, comida, artesanía e, incluso, artículos de limpieza que Cédric bromea con comprar para limpiar albergues faltos de una mano "escoscada", como el de Nicorvo. Llegamos a una plaza, con terrazas que miran hacia el puente cubierto, de la que nacen calles empedradas con las principales firmas de ropa, cortadas por otras que esconden numerosas cafeterías y restaurantes. Escogemos una terraza acogedora para comer antes de emprender la búsqueda del albergue, situado al otro lado del río. La primera opción resulta no ser factible, pero en su búsqueda descubrimos la Pavía del otro lado del río, decorada con coloridas casas que parecen competir entre ellas en lo que a vistosas pinturas se refiere. El Albergue Santa María nos abre sus puertas de la mano de una hermana que nos ubica en una habitación al fondo del pasillo y, para nuestra sorpresa, descubrimos que somos los únicos peregrinos alojados allí. Y, lo que es mejor, el baño incluye lavadora y al fin podemos lavar toda la ropa, incluida la mojada del día anterior, seguros de que mañana estará seca, no sólo por el buen tiempo sino también por el espacio y las perchas de que disponemos para tenderla.

Salimos a descubrir la ciudad bajo un cielo azul salpicado por alguna nube y una temperatura de lo más agradable. Da gusto observar a Cédric localizar objetivos a los que inmortalizar con un simple gesto; primero la Catedral de Pavía y su cúpula octogonal, luego la Basílica de San Miguel y su cripta de San Carlos, antesala de callejuelas que huelen a vida social y que invitan a perderse para conocer los rincones más olvidados por el turismo y mejor conocidos por los locales. Un viento huracanado trae el frío junto con unas nubes que presagian tormenta y que hacen que nos dirijamos, rápidamente, hacia una cafetería con un nombre que parece idóneo para este repentino cambio de tiempo, Cioccolatitaliani, cuya carta nos deleita con chocolates calientes con aromas de distinta índole, como canela, fresa y pimienta, entre otras. Con un chocolate caliente entre sus manos y una taza de té condimentado con jengibre, clavo, naranja y cardamomo entre las mías, Cédric me confiesa que su idea, antes de conocerme, era quedarse en Pavía un día, pero que no lo hará para seguir caminando a mi lado. Observo cómo la lluvia arrecia fuerte contra las ventanas de la cafetería mientras él, sentado frente a mí, escribe una nueva entrada para su blog en su iPad. Empieza a seguir mi camino, que no coincide con el suyo, me digo, al no dejarle tiempo para realizar aquello que se había propuesto al inicio, como escribir, dibujar y trabajar en su proyecto fin de carrera de fotografía. Es por ello que me siento culpable pues, aunque siempre lo animo a hacer esas tareas, el cansancio, la falta de inspiración o mi mera presencia parecen ser un obstáculo insalvable para su desempeño en el camino, y debo asumir mi parte de responsabilidad en los elementos primero y tercero de la ecuación. Su cara de satisfacción cuando levanta la cabeza del iPad, antes de apagarlo, lo delata mucho antes que sus palabras y resuelve una ecuación que resulta complicada sólo desde el punto de vista sentimental.

Tras la tormenta, impera la calma en las calles de la ciudad, entre las que buscamos un restaurante vegetariano apto para mi dolor de estómago. Está completo, pero no así otro situado junto a él y que resulta todo un gran descubrimiento para nuestros paladares, así como un alivio para mi estómago. Caminando de vuelta hacia el albergue, alcanzamos Ponte Coperto a tiempo para ver los fuegos artificiales, que comienzan en este momento. Situado detrás de mí, Cédric rodea mi cintura con sus brazos y apoya su mentón en mi cabeza, como si quisiera fundirse conmigo hasta desaparecer entre la multitud que nos rodea. Es como si nuestros cuerpos estuvieran diseñados para encajar el uno con el otro. Mientras observo los fuegos artificiales, el recuerdo de otros similares, con lago y arena como testigos, acude a mi mente, mientras que aquí son el río y la orilla los que observan el espectáculo de primera mano. La ecuación entra, de nuevo, en escena y la experiencia irrumpe, a su vez, con el pensamiento de que nada es para siempre.

26

Como si los besos dieran alas, no conformes con caminar los veinticinco kilómetros largos que nos separan de Cossonay, decidimos llegar a Lausanne, a más de cincuenta kilómetros de distancia desde Orbe. Las indicaciones en la parte suiza son más sencillas de seguir que en las etapas francesas previas, lo que favorece que avancemos más rápidamente, sin pérdidas intermedias. El paisaje es tan distinto, a su vez, que resultaría más fácil creer que hemos llegado a él mediante un tren o un avión en lugar de a pie. Entre campos de cultivo vestidos de ocre, verde claro y oscuro, y un fondo montañoso, llegamos a Bofflens, donde sólo encontramos abierta la cafetería de una gasolinera. Sin grandes expectativas, a las que se ajusta perfectamente el café, aguado, las napolitanas de chocolate son de las mejores que he comido hasta ahora. Aconsejados por la dependienta, escogemos un camino para ciclistas que conduce a Lausanne y que evita pasar por Cossonay.

El sol brilla en lo alto del cielo azul cuando llegamos a Penthalaz, tras haber dejado atrás pueblos con la actividad propia de un domingo, al tratarse del uno de agosto, día de la fiesta nacional de Suiza. De nuevo, encontramos todo cerrado y en silencio, sin otro ser humano a quien preguntar en los alrededores, hasta que alcanzamos una casa grande de la que nos llega una melodía. Por un momento, pienso que se trata de una cafetería, pero tan sólo es mi subconsciente, que juega con mis deseos, pues no hay letrero en la puerta ni nada que sugiera que se trata de un establecimiento público. Anthony, sin embargo, no se da por vencido y se acerca a la ventana de la que proviene el sonido. Observo, entre atónita y divertida, la escena que se desarrolla ante mis ojos, en la que unas señoras, probablemente madre e hijas, hablan animadamente en la cocina, con la ventana abierta. Anthony, consciente por fin de que es una propiedad privada, se disculpa por la intromisión y pregunta por un establecimiento donde tomar un café, a lo que las señoras responden con otra pregunta: "¿Os apetece tomar un café con nosotros en la terraza?". La sonrisa de Anthony es triunfal y contagiosa, a la que me sumo gustosa mientras una de las mujeres, Anna, nos acompaña a una mesa alargada situada fuera, en un porche rodeado de un gran jardín, donde nos invita a dejar las mochilas y a tomar asiento. Su hermana, que se presenta como Leonore, trae cafés para nosotros, así como para ellas y el marido de Anna, que acude para unirse a la conversación centrada en nosotros, el motivo de su distracción en medio de los preparativos de una comida familiar festiva. Anthony se mueve como pez en el agua, mientras que yo lo vivo como algo nuevo e inesperado, cohibida por el qué deberé dar a cambio, acostumbrada a escuchar de la boca de mi padre que nadie da nada gratis. Sin embargo, me doy cuenta de que la interpretación de esta afirmación no es literal y de que nuestra historia, que a ellos parece resultar de interés, bien se merece una taza de café acompañada de unos dulces típicos de la zona. Leonore vive cerca de Vevey y nos informa sobre un festival que está teniendo lugar esta semana y que sólo se celebra cada veinticinco años, de lo que me alegro por poder disfrutarlo aunque sea unas horas. En contrapartida, nos asegura que tendremos problemas para encontrar alojamiento en la zona y, por ello, nos ofrece su casa, cuya dirección anota en una hoja de mi libreta, junto a su teléfono móvil y dirección de e-mail. Abrumada por tales muestras de generosidad y afecto, continúo el camino extra motivada tras una despedida en la que los dos nos deshacemos en agradecimientos.

Anthony no pierde la ocasión de recordarme, tras el encuentro, que debo aprender a recibir sin necesidad de ofrecer primero. Me molesta la idea de ser un libro abierto, pues no se le escapa detalle, como si mi mente fuera transparente a sus ojos. Aún así, el inesperado tentempié mantiene viva mi sonrisa, y camino con ilusión, a pesar del abrasador sol de mediodía. Llegada la hora de comer, guarecidos bajo una tupida sombra, Anthony se interesa por mi experiencia como peregrina en el Camino de Santiago y le relato, de forma resumida, mi partida de Somport en solitario y el contraste que sentí cuando alcancé Puente La Reina. Allí, pasé de coincidir con Daniel, Lois, Sergio, y los italianos octogenarios, Sergio y Domenico, en el único albergue disponible por etapa del Camino Aragonés, a confluir con los centenares de peregrinos y la multitud de opciones de alojamiento que caracterizan al Camino Francés. Recuerdo cómo el sexto día de camino abandoné el albergue de Monreal intranquila, como si mi intuición me alertara de lo que me esperaba. Un cielo cubierto de nubes grises presagiaba lluvia y, efectivamente, sin previo aviso empezó a llover con fuerza, lo que me obligó a sacar la capa de lluvia sin dejar de acelerar el paso. Debí de perder una flecha en el camino porque continué subiendo y subiendo sin más señales a la vista, lo que hizo que empezara a impacientarme, pero no por ello me detuve ni retrocedí, obstinada como estaba en creer que encontraría el camino más adelante.

En aquel momento y en aquellas circunstancias, me negaba a aceptar una realidad que no me gustaba, y es que había subido en balde y debía desandar lo caminado hasta encontrar una flecha. Cegada por una cortina de lluvia y de rabia, utilicé Google Maps para encontrar un atajo hasta el pueblo más próximo. Así es como llegué a la cochera de un pastor, sin rastro del pastor para mi infortunio, lo que me hizo continuar por una senda junto a la que había un montículo de piedras, como las que dejan los peregrinos a su paso por el camino. Afronté una dura subida, comida por la vegetación en muchos tramos, con la esperanza de encontrar el camino al final de la misma, pero no podía estar más lejos de la realidad. Ante mí se alzaba una terrorífica cueva. Nada más. Por mucho que intenté escalar tratando de descubrir el camino al otro lado, más allá de la cueva sólo había un enorme vacío cortado por una cantera. Después de más de una hora de búsqueda infructuosa, me sentí perdida y terriblemente sola, y dejé que el miedo se apoderara de mí, lo que me hizo escribir un mensaje desesperado a Daniel, un peregrino de Singapur al que había conocido en Arrés. Enseguida me di cuenta de que no podría hacer nada salvo preocuparse y, con un atisbo de razón a la que me aferré como a un clavo ardiendo, bajé de la cueva hasta la granja del pastor todo lo rápido que me dejaron mis piernas, lo que hizo que me ganara más de una caída y muchos arañazos por la crecida vegetación a mi alrededor que no hacía más que obstaculizar un camino claramente poco transitado. Y, como si de un ángel se tratara, el pastor estaba allí y no pude evitar emocionarme al mismo tiempo que le preguntaba por el camino que debía seguir. El hombre, que me había visto coger el camino equivocado, pensó por mi mochila y buen paso que era una espeleóloga interesada en ver la Cueva del Diablo. Ahora, conforme lo revivo, me río pensando que el nombre no puede ser más acertado. Aún me perdería en varias ocasiones después de aquello, pero nunca más sola y, sobre todo, nunca volví a obstinarme en seguir adelante, sino que volvía siempre sobre mis pasos tan pronto como descubría que estaba perdida. Llegué a Santiago treinta días después de empezar a caminar. Si bien empecé sola, acabé caminando en compañía de Sergio, un chico catalán trece años mayor que yo, que me animó a continuar hasta Finisterre y Muxía. Un total de treinta y siete días completaron una inolvidable experiencia que, sin duda, me ha conducido a la que estoy viviendo ahora.

27

Me cuesta abrir los ojos cuando suena el despertador y atisbo, por el rabillo del ojo, la ropa tendida de la barra de contención de la litera de al lado. La toco y compruebo que ya está seca. Un Cédric nervioso se levanta y viene hacia mí para confesarme, agarrando mis manos entre las suyas, que apenas ha dormido pensando en que debía abandonar Pavía hoy. "Me enamoré de ella nada más llegar, incluso podría imaginarme viviendo aquí. Siento que, si me marcho hoy, me penará a lo largo del camino. Pero no quiero dejarte, no querría tener que separarme de ti y es por ello por lo que no he podido dormir. Por favor, quédate conmigo". Encuentro en sus ojos suplicantes una mirada que me desgarra el alma. Tenía pensado descansar en Siena y, quizá, también en San Gimignano, lugares conocidos por su belleza, más cercanos a Roma, donde también me gustaría pasar, al menos, dos días antes de volver a casa para las fiestas de El Pilar. "Sabes que no puedo quedarme" le digo, aunque en el fondo ambos sabemos que no es cierto pues, salvo la muerte, no hay nada que no se pueda cambiar. Pienso en la ecuación, cuyo tercer elemento permanecería constante de quedarme en Pavía con él y cuando, abatido ante mi negativa, resuelve continuar caminando conmigo, me niego en redondo. "Quiero que escribas, acabes el blog, y dibujes para luego mostrarme y explicarme el significado de las viñetas de tu cuaderno, porque no te vas a librar de mí tan fácilmente" le digo en un intento por arrancarle una sonrisa. Decidido finalmente a quedarse un día en Pavía y a acompañarme hasta el camino de salida de la ciudad, paso al baño para vestirme y respirar hondo, tratando de asimilar el cambio de los acontecimientos. Cuando vuelvo, lo encuentro guardando mi diario apresuradamente en mi mochila y me enfado con él ante la idea de que haya podido leerlo. "Jamás haría algo así, respeto tu intimidad y, aunque me encantaría leer lo que escribes, sólo lo haré cuando tú decidas compartirlo conmigo. Confía en mí, cuando escribas esta noche lo entenderás" me asegura.

El Ponte Coperto asiste, en primera persona, a un reportaje fotográfico de la mano de Cédric, conmigo como protagonista, pues en este momento no me siento capaz de negarle nada, sobre todo, tras un beso con notas saladas procedentes de sus ojos verdes. Esos mismos ojos que ahora me miran y preguntan si podrán volver a verme pronto, ya sea en Italia, Zaragoza o Barcelona. Noto cómo se relajan conforme asiento, al igual que sus labios, que suspiran aliviados. Acto seguido, me anima a viajar a Bélgica para conocer a su familia y su casa, que espera que me guste, aunque siento que ya me gusta con sólo ver unas fotografías. La idea de continuidad renace en mi interior y, con ella, aunque la despedida es larga y difícil, me siento en paz y satisfecha con la decisión tomada, pues considero que es la mejor para él. Por fin, va a tener tiempo e inspiración para escribir y dibujar, exento de distracción, y yo... yo estaré bien. Además, no caminaré sola, pues Cédric me sorprende con un peregrino de tela para coser en la mochila que, a falta de aguja e hilo, coloco en la seta con la ayuda de dos imperdibles.

Después de ocho días caminando en su compañía, me resulta extraño hacerlo sola y mi mente, sumida en completo silencio, trata de contrarrestarlo con las idas y venidas de mil y un pensamientos. Algunos dan paso a la añoranza y a la duda, originarias de un pasillo de lágrimas cuando visito las iglesias de San Pietro, San Leonardo, San Giacomo, Belgioioso, Santa Margherita, en las que lo imagino fotografiando, con entusiasmo, cada una de las escenas religiosas, sobrecogido por tanta belleza. El móvil vibra en mi chaqueta y una melodía suena, a la que se suman, segundos después, una desconocida voz femenina y otra masculina que reconozco al instante. Cédric ha decidido desenterrar la primera y única canción que entonó a dúo con la compañía de su guitarra durante la boda de su hermana, para compartirla hoy conmigo. El sonido de su voz me anima a seguir caminando, durante los casi treinta kilómetros que separan Santa Cristina de Pavía, en un lunes que transcurre bajo el sol por una carretera sin apenas servicios.

Poco antes de llegar al destino, encuentro a David, el profesor alemán, interesado por conocer el siguiente camino que tengo en mente recorrer, a lo que respondo que ninguno. Mi prioridad es terminar el que no he hecho más que empezar; después, el tiempo dirá. Nos separamos antes de afrontar la subida al albergue de Santa Cristina, a la que llego cinco horas después de haber despedido a Cédric en Pavía. Estoy agotada y tengo hambre, por lo que me dirijo directamente a un bar que encuentro frente a la iglesia, situada junto al albergue, en cuya terraza está la pareja de italianos e ingleses a los que vi por primera y última vez en Vercelli. Me informan de que el bar está a punto de cerrar, por lo que me apresuro a entrar y pedir la única opción comestible disponible, un panini de jamón y queso hecho con mimo que me sabe a gloria. La encargada del bar me anima a tomarlo con calma, en la terraza, mientras hablo con Samantha, Stefano, Jarka y Kevin, que ya han comido y se disponen a entrar en el albergue para ducharse y hacer la colada, en ese orden. Todos me preguntan por Cédric y se extrañan cuando respondo que ha decidido pasar un día más en Pavía, aunque no entiendo por qué y así se lo hago saber, pues la ciudad es preciosa y una tarde se queda escasa para verla en su totalidad. Me sorprendo a mí misma defendiendo la decisión de Cédric cual leona protegiendo a su cachorro y me reafirmo en mi postura cuando, momentos después, ya en el albergue, en una habitación con baño para mí sola, abro mi cuaderno y encuentro en él un sobre. En su interior, reconozco uno de los collage de Cédric, con las figuras recortadas de un hombre y una mujer en una postura enlazada propia de una pareja. En su reverso, un mensaje de amor se une a los de texto que me ha escrito a lo largo del día de hoy. Todo apunta a que mi chico Country se esforzará por verme pronto de nuevo.

28

"¿Caminaste treinta y siete días con un hombre y no ocurrió nada?" Parece que fue hace días cuando abandonamos la ciudad de Orbe y comenzamos a caminar hacia Lausanne, a la que nos aproximamos después de casi diez horas de camino. "No, no pasó nada." respondo a la impertinente pregunta de Anthony, que sigue inmerso en mi Camino de Santiago de hace poco más de dos años. Por alguna razón que no comprendo, hombre del que me enamoro, hombre que no se fija en mí o que, de hacerlo, desaparece a la tercera cita. Con Sergio no fue así, al menos, no literalmente, pues nos conocimos el primer día de camino en Canfranc Estación y fuimos coincidiendo los días posteriores del Camino Aragonés hasta que, en Puente La Reina, decidimos continuar juntos hasta Santiago. Mi mayor error fue pensar que la relación de amistad pasaría a otro nivel alcanzado el destino pues, a pesar de las confusas señales, me dejó bien claro que, al igual que partimos solos al camino debemos volver solos de él. No lo entendí entonces y, a día de hoy, sigo sin compartir ese mensaje revelado en un atardecer en Finisterre y repetido el día de la despedida en la estación de Sants. Pero, como un clavo que hurga en una llaga abierta, Sergio retomó el contacto y cuando, al cabo de unos meses, me enseñó la ciudad donde vive, Lloret de Mar, después de haber comido juntos en Barcelona, decidí lanzarme a la piscina y salir de dudas. Él me había acompañado a la parada del autobús en Lloret y se había marchado al llegar éste. Cuando ya tenía un pie dentro del autobús, eché a correr en la dirección en la que lo había visto alejarse. Lo alcancé de espaldas y, tras tocar su hombro para que se girara, con la intención de besarlo, éste me apartó la cara con mirada estupefacta. Era la primera vez que daba ese primer paso y, si bien no tuvo el final esperado, tras decirle "ahora lo sé", cruzar la calle y subir al autobús, llegué a Barcelona mucho más ligera de lo que me fui de allí.

"No lo comprendo" oigo decir a Anthony tras detallar los acontecimientos. "Ya somos dos" le digo. Nunca he entendido el comportamiento de los hombres por los que me he sentido atraída. Quizá porque me he fijado en los hombres equivocados. Simplemente, no tenía que ser, me digo, pero no por ello cambiaría nada de lo que pasó. Anthony sonríe y añade "En realidad, sintiéndolo por ti, le estoy agradecido, pues quién sabe si, de haber ocurrido de otro modo, hoy estarías aquí. Soy el hombre más afortunado del mundo". Con la experiencia de quien ha vivido diez años más, su vida amorosa es mucho más larga que la mía, aunque no por ello mucho más fructífera. La mujer que más mella parece haber hecho en él es de Suecia y tiene casi veinte años menos que él. La conoció cuando acababa de iniciar sus estudios y prometió marcharse con él tras terminarlos, algo que no ocurrió después de unos años, por lo que él decidió poner distancia en lugar de finalizar la relación, imagino que esperando hacerla cambiar de opinión. En Portugal conoció a otra mujer de la que se enamoró, pero que tampoco estaba dispuesta a dejar su estilo de vida para seguirlo a él, por lo que si bien mantiene el contacto con ambas, no parece que vaya a compartir su futuro con ninguna de ellas.

Afrontamos una subida que nos conduce a un mirador con magníficas vistas y a lo que parece un parque de juegos que aloja un tren de madera para los más pequeños. Descendemos luego por un camino asfaltado que da acceso a casas con graciosas y coloridas puertas, bancos y contraventanas que me recuerdan a las casitas de los pájaros que se colocan en los jardines o terrazas. Encontramos a una señora de pelo cano que nos indica, con gestos, cómo llegar a la parroquia protestante situada en Le Mont sur Lausanne. El camino se interna en un bosque con numerosos troncos de madera cortados a la espera de ser trasladados a algún lugar y, como si la señora hubiera sido el primer signo de proximidad a la civilización, varios transeúntes aparecen a continuación. Algunos pasean al perro, otros corren o caminan en bicicleta, protegidos del calor por la espesa vegetación.

Le Mont sur Lausanne contrasta con la tranquilidad del camino que hemos dejado atrás. Hay mucho tráfico, mucho ruido, mucha gente y, por un instante, me abruman. La parroquia está cerrada todo el mes de agosto que, para nuestra desgracia, empieza hoy. El día continúa y no hay tiempo para un descanso, no sin tener asegurado un lugar donde pasar la noche. Entramos en una pastelería para preguntar cómo llegar al camping de Vidy que Leonore nos ha recomendado durante el café de esta mañana. Una clienta se ofrece a llevarnos en su coche, un gesto al que ninguno de los dos nos atrevemos a aferrarnos sin tratar de adivinar antes lo que quiere el otro. Mi yo cansada respondería que sí, a lo que se opone mi yo intransigente y disciplinada, decidida a caminar hasta el final. El cansancio crispa los nervios de los dos que, mientras caminamos, discutimos sobre la decisión tomada, malinterpretada por Anthony, quien está convencido de que he decidido caminar sin desearlo de verdad. Me niego a seguir caminando obligada a escuchar un monólogo sinsentido, desproporcionado e incomprensible por lo que, ante la imposibilidad de reconducir la conversación, con una mezcla de alivio y pesar, aprovecho una bifurcación para ponerle punto y final. Mientras me alejo, mis botas ligeras se transforman en pesadas losas que me hacen preguntarme si no estaré equivocándome. Camino hacia la estación de tren buscando la confianza que inspira un área conocida. En ella me detengo y pienso en mis siguientes pasos, que dirijo hacia un Youth Hostel situado por encima del Camping, sin importarme haber caminado en dirección contraria desde que me despidiera de mi inesperado compañero de viaje. Atisbo el lago Leman desde un puente levadizo que cruza las vías del tren y continúo hacia la derecha, con el agua a mi izquierda, hasta llegar a una zona verde con piscinas, mini golf, teatro, numerosos estadios, pistas de tenis, y campos de fútbol que mueren al comenzar un parking, el del Camping de Vidy. Y, como si el destino estuviera decidido a elegir por mí, una mochila roja se mueve, inquieta, en la ventanilla de la entrada al mismo y, como si hubiera notado mi presencia, su dueño se vuelve y, con cara sorprendida y esperanzada, Anthony me invita a acercarme. Una hora más tarde, los fuegos artificiales iluminan la playa situada junto al camping donde nos encontramos, como si se tratasen de nuestro regalo por hacer las paces.

29

La etapa de hoy es corta, con tan sólo veinte kilómetros de camino hasta el lugar recomendado horas atrás por el pavesi Tiziano, Corte Santa Andrea, donde también se alojó Sigerico en su día. Son las siete de la mañana cuando dejo el donativo en la entrada del albergue junto a una dedicatoria firmada, como siempre, con una flor que, esta vez, esconde un mensaje dirigido a Cédric. Compro fruta en el mercado que están terminando de montar en la calle y entro en la panadería, ayer cerrada, para comprar el desayuno. Una amable señora se interesa por el destino de mi viaje y me llama "brava" cuando descubre que mi intención es llegar a Roma. La focaccia salada que me recomienda está deliciosa y, mientras avanzo entre viñedos hacia Miradolo Terme, pienso que debería haber comprado más.

A través de un camino paralelo a la carretera llego a Camporinaldo, donde paro a tomar café junto a una iglesia con una cueva en el exterior que recrea la aparición de la Virgen de Lourdes. Más adelante, un castillo de ladrillo rojizo cerrado por una imponente verja abre paso a Chignolo Po y, a continuación, Lambrinia, donde compro panecillos de centeno y una pieza de carne de caza, excesivamente recomendada por la dueña, de aspecto parecido a la longaniza. El camino continúa por carretera hasta un puente de piedra que permite cruzar el río Lambro y dejar atrás el tráfico al girar a la derecha para tomar un camino de grava blanca rodeado de verdes arrozales. De tanto en tanto, la figura del peregrino grabada en las baldosas que decoran el suelo en algunos tramos, me recuerda que voy por buen camino afianzando, así, mis pasos.

Si bien mi destino es Corte Santa Andrea y no Orio Litta, la belleza del segundo invita a tomar el desvío para no obviar este lugar al que se accede descendiendo entre altos maizales y canales, que ofrecen en todo momento la visión, al fondo, de la torre de la iglesia, de color anaranjado claro. Disfruto de la vista de la Villa Litta Carini mientras como sentada en el parque, pues intuyo que en Corte Santa Andrea no podré comprar nada. El camino vuelve entre arrozales y canales hasta un arco de piedra, antesala del pueblo que aparece escondido entre la maleza unos metros por debajo del camino, motivo por el que no se puede vislumbrar de antemano. Paso junto al antiguo albergue, hoy cerrado, y llego a la iglesia, en cuyo edificio anexo está el actual albergue. Allí encuentro a Jarka y Kevin, disfrutando de una taza de café en la cocina, después de haberse instalado en la planta de arriba. Se trata de una casa con encanto, que recoge mensajes dirigidos a los peregrinos en la entrada y multitud de referencias y mapas antiguos de la Vía Francígena distribuidos por las distintas estancias de la casa. La cocina cuenta con una chimenea para los meses de invierno y una mesa en el centro para cuatro comensales, donde me siento para conversar con ellos, que me animan a curiosear la planta de arriba. A mano derecha del último tramo de escaleras se encuentran dos baños, uno para ellos y otro para nosotras, así como dos dormitorios con camas individuales dispuestas en hilera que recuerdan al cuento de Blancanieves y los siete enanitos.

Los italianos llegan justo cuando salgo de la ducha y se instalan en la habitación que queda libre al final del pasillo. Yo he preferido compartir habitación con Kevin y Jarka, más silenciosos y tan madrugadores como yo, si no más. Los alrededores de Corte Santa Andrea me recuerdan al pueblo de mi abuela. Allá donde miro, una planicie de campos ocres y verdes se extienden hasta donde alcanza la vista. Un entramado de árboles delimita al tiempo que delata los márgenes del río Po, que deberé atravesar mañana para llegar a Piacenza. El obispo Sigerico escogió el barco como medio de transporte para cruzarlo cerca de Corte Santa Andrea y caminar hasta Piacenza por la orilla derecha del río. Sin embargo, yo me decanto, al igual que Kevin y Jarka, por caminar por la orilla izquierda del río Po para cruzarlo al final, al llegar a Piacenza, siguiendo el trazado de la carretera de entrada a la ciudad.

Unas nubes blancas con forma de algodón salpican el cielo azul sobre la meseta que recorro a través de un camino asfaltado elevado. Hace días que no hablo con mis padres y aprovecho este momento de tranquilidad para hacerlo. Cuando cuelgo y me dispongo a guardar el móvil, preguntándome dónde estará Cédric y qué estará haciendo en este preciso instante, recibo un mensaje suyo, como si leyera mi pensamiento y quisiera darle respuesta. El contenido sigue el hilo de sus pensamientos, que bailan al son de una canción de Johnny Cash, "Time's a wastin", cuya letra me hace reír y moverme al ritmo de las pegadizas estrofas. Ha continuado caminando después de parar a comer en Santa Cristina, por lo que debe de estar cerca de Orio Litta, donde imagino que pasará la noche para descansar de los más de cuarenta kilómetros que ha recorrido hoy. Afortunadamente, no ha hecho el calor que hizo ayer, incluso empiezan a caer unas gotas de lluvia, por lo que me apresuro a volver al albergue. Son las cinco de la tarde y los ingleses están preparando la cena. Puedo oler la pasta al ragú mientras escribo sentada sobre la cama, apoyada contra la pared, al mismo tiempo que escucho música con los auriculares para no molestar a los italianos, que duermen en la habitación de al lado. La estancia es pequeña pero acogedora, con paredes blancas y techos abuhardillados que conservan al aire las vigas originales de madera natural. Una ventana ilumina la estancia, a la que se accede sin puerta de frente desde la escalera. Empiezo a soñar con el sonido de una canción de "El gran showman", mientras escribo sobre mi baile en las orillas del río Po, sintiéndome llena de vitalidad hasta no poder más cuando, por el rabillo del ojo, veo una figura subiendo por la escalera que se detiene al llegar al final... ¡la suya! Sin quitarse la mochila y con sus ojos clavados en mí, se acerca y me besa con apremio, como no lo había hecho antes. Envuelta en lo que bien podría ser un número del ilusionista, me cuelgo de su cuello y lo abrazo, con fuerza, para asegurarme de que no estoy soñando despierta. Su pelo está más corto que ayer y observo, divertida, cómo luce un corte a escalones propio de un jugador de fútbol. Aunque, con su atuendo, mochila y botas altas mejor podría pasar por militar. Supongo que es el precio que hay que pagar por ser el primer cliente de una peluquería en Pavía regentada por peluqueros tan forofos del fútbol como recién salidos de la academia.

Cenamos con los italianos, que preparan pasta al pesto con ingredientes de la despensa de la cocina del albergue, disponibles para ser utilizados por los peregrinos a voluntad, algo que todos agradecemos. Añado el salchichón de caza de mi mochila para completar un menú que, a pesar de ser improvisado, es alabado por los cuatro.

Entre risas por la diferencia de altura de las camas,

distribuidas una junto a la otra en la habitación, como si la altura fuera un nuevo modo de separación entre ellas, trato de conciliar el sueño, tarea obstaculizada por mi mente, que trata de poner orden a un sinfín de emociones. Me cuesta creer que, tan sólo un día y unas horas después de despedirnos, Cédric esté aquí, junto a mí, tras haber caminado cincuenta kilómetros, el equivalente a dos etapas en un día, cargando a su espalda una mochila de diecisiete kilos porque contaba, según él, con el ingrediente necesario para ello, un extra de motivación. ¿Se referirán a esto aquellos que afirman que el amor mueve montañas? Convencida de mi respuesta y poco acostumbrada a semejante demostración de afecto, en mi rostro se dibuja una sonrisa espejo de un corazón alegre y una razón que le sigue la corriente. Así es como sucumbo a un sueño profundo envuelto en un abrazo de carne y hueso.

30

El sonido de las gotas de agua impactando contra el techo de la tienda me desvela y, todavía de noche, me dirijo al baño con el frontal como guía en la oscuridad. Todavía no son las seis cuando entro en la tienda y Anthony despierta. Su buen humor es contagioso y, a pesar de la lluvia, emprendemos el camino junto al lago, a nuestra derecha, con una sonrisa de oreja a oreja. Allá donde miro, veo montañas que nos rodean en todos los ángulos, siendo especialmente altas las situadas frente a nosotros. Allí es a donde nos dirigimos, a través de un camino que simula un paseo marítimo, sólo que en este caso, en lugar de mar, bordea el lago Leman. A mano izquierda, las vías del tren conectan, entre otras, las comunas de Pully, Lutry, Villete, Cully, Epesses, Rivaz, Saint-Saphorin, Corseaux y Vevey, conocidas por sus espectaculares terrazas de viñedos. Todas ellas, situadas entre Lausanne y Montreux, forman parte de la región vinícola de Lavaux que la Vía Francígena atraviesa y que han sido declaradas Patrimonio de la Humanidad por la Unesco. El camino asciende en algunos tramos por encima de las vías del tren y permite observar una producción vinícola muy distinta a la que estoy acostumbrada, estando las viñas en pendiente, con trenes de piedra que circulan entre las vides para facilitar su recolecta.

La lluvia amaina hasta detenerse por completo y, para cuando llegamos a Vevey, el sol se ha impuesto en lo alto de un cielo azul, con apenas unas nubes que le hacen sombra. Decidimos parar aquí, después de veinte kilómetros caminados, pues nuestras piernas piden descanso tras la larga etapa de ayer. Me hubiera gustado alojarme en casa de Leonore, en Chexbrex, una ciudad situada por encima de Vevey, pero llegamos un día antes de su vuelta a casa. Sin embargo, la suerte está de nuestra parte, aun con el festival de Vevey en pleno auge, pues el Camping de la Pichette todavía dispone de algún hueco para tiendas de campaña pequeñas. Su dueño, un señor mayor con barba y melena blancas, que se pasea por el recinto en una bicicleta del estilo de las que lucen los protagonistas de "Verano azul", nos enseña dónde montar la tienda. Se trata de una explanada de hierba ubicada junto al lago, con la tranquilidad añadida de que está alejada de la zona donde se encuentran el restaurante y los aseos.

Agradezco los filetes de perca que me sirven en el restaurante del camping, acompañados de unas patatas fritas y una ensalada aliñada con salsa de mostaza. Ahora que lo pienso, es la primera vez que como pescado desde que emprendí el viaje y lo echaba de menos. La ducha fría no ayuda a su digestión, pero sí la siesta que me concedo a continuación. Como si mi cuerpo ya no estuviera acostumbrado al descanso, noto cómo me suplica algo de actividad, así que decido escucharlo. Me propongo visitar Vevey, a la que no hemos llegado por situarse a media hora de camino del camping.

La vista, de una belleza desbordante, corta la respiración, entre la verde vegetación, que contrasta con el agua en calma del lago y, al otro lado, grandes montañas aun a pesar de la distancia. El festival "Fête des Vignerons" se siente en el aire incluso a las cinco de la tarde, imagino que porque al celebrarse una vez cada generación atrae a muchísima gente; de hecho, según nos comentó la familia suiza que nos invitó a un café en su jardín, hace veinte años de la celebración de la última edición. Una viñeta de Charles Chaplin nos da la bienvenida a esta ciudad, que acoge el único museo en el mundo dedicado exclusivamente al actor, así como la sede de Nestle, originaria de aquí.

La luz anaranjada del atardecer baña los barcos amarrados en el puerto de la Pichette cuando volvemos al camping. Cenamos junto al lago, que nos obsequia con una magnífica puesta de sol. Anthony saca su lado más romántico y se ríe de mí mientras intento comer un bocadillo del que emanan, sin remedio, chorretones de salsa que van a parar directos a mi barbilla. Su vena romántica no tiene límites y da paso a preguntas médicas que tienen por objetivo conocer mi estado de salud. Sin complejos, le relato mi mala experiencia con la ortodoncia y mis problemas digestivos y ginecológicos que todos los expertos a los que he consultado atribuyen al estrés. "¿No será que te olvidas de respirar?" me espeta, y continúa diciendo "quizá tu cuerpo no puede seguirte y el único modo en que puede hacértelo saber es ese, lanzándote señales para que lo escuches de una vez". Anthony expresa con palabras, en voz alta, pensamientos que han pasado por mi mente en los últimos meses y que he dejado de lado por no dar con una solución clara. Al fin y al cabo, sólo llevo dos años y medio en este trabajo, sólo que quizá el proceso de adaptación se está alargando más de la cuenta. "Es tu responsabilidad cuidarte, pues nadie puede hacerlo por ti y, si tú no miras por tus intereses, nadie más lo hará" añade, revolviendo unas aguas que habían permanecido en calma. Lo malo es que tiene razón, no es nuevo lo que me está diciendo, pero es más fácil continuar con la rutina y pensar que el tiempo arreglará las cosas que tienen que ser reparadas, fiel al dicho de "el tiempo pondrá a cada uno en su sitio", que no coger al toro por los cuernos y poner fin a los miedos. Supongo que el miedo a lo desconocido es innato en el ser humano y que, como mecanismo de supervivencia, tendemos a permanecer en nuestra zona de confort. ¿Por qué no puedo permanecer yo en ella como tantos otros? Como si Anthony leyera mis pensamientos, me dice "Mi princesa guerrera, tú no eres como los demás, tú no te conformas con la mediocridad, ni con lo conocido; eres curiosa, inquieta, fuerte, valiente y extremadamente tozuda". "¿Te han dicho alguna vez lo guapo que estarías callado?" Las palabras salen de mi boca sin poder contenerlas y él ríe y, con un guiño, me contesta "a todas horas, pero también te digo que, aunque a veces la verdad duela, no por ello es menos verdad, y lo sabes".

31

El sol asoma por detrás de los árboles, a nuestra izquierda, mientras caminamos en dirección a Piacenza siguiendo la orilla izquierda del río. Tan pronto como el sol cambia su viva vestimenta anaranjada y rojiza por otra más clara y luminosa en las alturas, camino con más dificultad por la alta temperatura. Me apetece llegar pronto a Piacenza para pasear por sus calles y visitar el interior de sus iglesias. Por este motivo hemos salido antes de lo habitual, aprovechando la coyuntura de que hemos compartido habitación con nuestros madrugadores amigos Kevin y Jarka.

Cédric camina con la ligereza de quien se ha quitado un gran peso de encima. En este caso, su mala conciencia por el retraso en la publicación de su nueva entrada de blog. Lo hizo ayer por la noche, antes de acostarse y, por mucho que le pregunto por el contenido, no suelta prenda. "No hasta que lleguemos a Piacenza y encontremos un sitio tranquilo" me dice, como si la paciencia fuera una de mis virtudes. Risueño, sueña con la idea de disfrutar juntos de unas vacaciones en el sur de Francia. Cada dos años, su familia alquila una villa en la que todos se reúnen durante una semana y es ahora el momento de escoger la fecha para ello pero, de momento, no hay forma de que lleguen a un acuerdo. No me resulta difícil de imaginar, pues se trata de una gran familia, nada que ver con la mía. De pronto, añoro los viajes que iniciamos los cinco, a mis once años, y que repetíamos cada verano; aquellos que papá organizaba con una semana de antelación, momento en que traía a casa varias revistas de viajes con opciones que pretendían tantear los destinos que resultaban más atractivos para mi madre, mis dos hermanos y también para mí. Al principio, escogía destinos más tranquilos, orientados a mantenernos entretenidos y seguros en hoteles de lujo con todo incluido, como República Dominicana, Riviera Maya, Túnez, hasta ir incrementando el movimiento y la distancia conforme lo hacía nuestra edad, con Bali, Turquía, Egipto, Jordania, Siria, hasta destinos más verdes y atractivos para mí, como Noruega, Costa Rica y Perú. Los viajes se detuvieron en Canadá, donde mi padre sufrió un accidente que le abrió los ojos en lo que a barrera idiomática se refiere. Yo lo viví en la distancia, pues mi trabajo en Barcelona me impidió sumarme al atractivo plan de ese año. A mi hermana le pasó lo mismo y sólo mi hermano, que todavía estaba estudiando en la Universidad de Navarra y contaba, por ello, con largas vacaciones, pudo apuntarse a este viaje. Su inglés facilitó la comunicación con médicos y otros profesionales sanitarios que lo atendieron, así como con los agentes del seguro, y afortunadamente, todo quedó en un gran susto. Un gran susto que, aun a día de hoy, mantiene a mi padre alejado de grandes viajes, quien ahora prefiere viajar a la costa, a la montaña o pasar unos días tranquilo en un balneario.

Me resulta extraña la invitación de Cédric para pasar las vacaciones, posiblemente la primera semana de agosto del próximo año, con él y el resto de su familia, considerando que para ellos soy aún una auténtica desconocida. Pero está entusiasmado con la idea, también con la de llegar hasta allí atravesando en coche La Champagne para detenernos en aquellos lugares que forman parte de la Vía Francígena y a los que le gustaría volver conmigo.

Llegamos a Piacenza por una gran arteria conocida como Vía Emilia que deja a mano izquierda el pueblo de San Rocco al Porto para girar luego a la derecha, cruzar el río Po, y llegar en línea recta al mismo centro de Piacenza, la Piazza dei Cavalli. Cerca de aquí encontramos un restaurante vegetariano donde nos sorprenden con una ensalada de espelta, un sándwich de verduras al curry y una tarta de queso y coco deliciosos. Seguimos el consejo de Samantha y nos dirigimos al Ostello del Teatre, un albergue de reciente apertura situado a media hora de camino del centro y que comparte instalaciones, como el patio, con un centro infantil. Los italianos e ingleses ya se han instalado y duchado cuando llegamos, por lo que disponemos del baño con varias duchas para nosotros solos. No pierdo la ocasión de poner música y la canción 20 de abril de Celtas Cortos suena de fondo, mientras una relajante cascada de agua caliente me invita a sumar mi voz a la del cantante Jesús en el estribillo.

Tras la visita de rigor a la Catedral y la Iglesia de San Antonino, un lugar apartado aun a pesar de estar situado en plena Piazza dei Cavalli llama nuestra atención por su cálida terraza alumbrada por unas bombillas entrelazadas unas con otras hasta simular una noche estrellada sobre las mesas, y en la que numerosos italianos charlan animadamente con una copa en la mano y distintas focaccias a modo de picoteo. Atraídos por la idílica imagen, nos sentamos en una mesa para dos, lo suficientemente tranquila como para que Cédric me traduzca la nueva entrada de su blog "Bernhard en de Engel van Aosta". Al igual que sus fotografías, su forma de expresión mediante la escritura es original, divertida e imprevisible, con un sexto sentido a la hora de establecer conexiones entre las historias sumamente enriquecedor e inteligente. Es una pena que no entienda flamenco, pues presiento que hay matices que se pierden inevitablemente en la traducción de su épica llegada al paso del Gran San Bernardo después de dos meses caminando, así como el rápido descenso de casi dos mil metros hasta Aosta, en cuyo Valle nos conocemos. El título "El Gran San Bernardo y el ángel de Aosta" resalta estos dos hechos, pero ¿acaso puedo ser llamada ángel? Quizá un ángel caído, expulsado del Reino de los Cielos por mal comportamiento, pero no creo que pueda compararme con la figura de ángel que todos evocamos en nuestra mente, por muy altruista que Cédric me considere. Me siento halagada, sí, y no puedo evitar sonreírle y besarlo pero, al mismo tiempo, una ligera presión comienza a ahogarme, consciente de que la ceguera que lo ha conducido a llamarme ángel desaparecerá tarde o temprano.

32

Llegamos a Villeneuve casi a mediodía, tras algo más de cuatro horas de camino junto al lago, en un día soleado. El paseo marítimo es un continuo escaparate de helados, turrones y comida para llevar, sobre todo en el tramo correspondiente a Montreux, dejado atrás, y que acoge cada año a uno de los más conocidos y longevos festivales de Jazz. Un exultante Freddie Mercury ha sido testigo de nuestros pasos mientras Anthony tarareaba la canción de Frank Turner "Long live the queen", hasta que un grupo de japoneses nos alertó de la proximidad de una atracción turística. El castillo medieval de Chillón asomaba, poco después, entre la vegetación, a orillas del lago Lemán. Un globo aerostático planeaba sobre la bella fortificación mientras nosotros continuamos avanzando en dirección a las montañas para despedirnos definitivamente del lago Lemán.

Dedico una última mirada al lago con la intención de grabar a fuego la calma de sus infinitas, azules y claras aguas en mi mente. Una talla de madera fusiona la cabeza de un caballo con la de una serpiente hasta formar un ocho en un gesto que simula un beso. Sin duda, un guiño a un amor imposible, ¿o acaso se trata de una invitación a la integración, a la convivencia entre personas de distinto sexo, cultura, origen…que, aunque diferentes, comparten un nexo común como seres humanos que somos? Si dos criaturas tan distintas como un reptil y un mamífero son capaces de convivir en un mismo ecosistema, contribuyendo a la armonía del mismo, ¿por qué resulta tan complicada, a veces, por no decir imposible, la convivencia entre iguales?

Un poste con múltiples flechas indica dos horas de recorrido hasta Aigle, final de etapa en mi guía, pero decidimos esquivarlo al elegir un camino más directo que desemboca en Saint Maurice, con posibilidades de alojamiento entre medio, como la Abadía de Salaz en Ollon. Un parque nos proporciona sombra para descansar y llenar nuestros depósitos de combustible antes de adentrarnos en el bosque, donde un ciervo sigue nuestros pasos en la distancia, mientras Anthony critica el sistema sanitario americano. Los árboles desaparecen cuando llegamos a Ollon y nos abrimos paso entre pastos hasta un pueblo llamado Villy. Encontramos una plaza con una fuente donde rellenar nuestras cantimploras y a un hombre trabajando en un jardín próximo que, al vernos, se acerca para interesarse por nuestro destino. Sus ojos se iluminan cuando escucha las palabras Vía Francígena y, en seguida, nos invita a seguirlo hasta su casa, situada junto a la plaza, para presentarnos a su mujer canadiense. Ambos caminaron hace años hasta el Gran San Bernardo y nos animan a alojarnos en la Abadía de San Mauricio, a menos de cinco horas de camino desde donde estamos. "Podríais estar allí a las siete, pero disponen de pocas habitaciones…" nos dicen, mientras ella se dispone a sacar el teléfono para buscar el número al que llamar y preguntar si aún estamos a tiempo de pasar allí la noche. "No hay problema, os esperan" nos dice ella, mientras él ríe y, con tono burlón, le sugiere a Anthony que ponga un anillo en mi dedo anular antes de pedir al prior la llave de la habitación.

Una vez más, conseguimos caminar sin ayuda de la tecnología, ayudados por otros que, como nosotros, fueron peregrinos en otro momento y que, aun a día de hoy, no han olvidado la esencia del camino. Llegamos al río Rhône, que seguimos por un camino de bicicletas que transcurre por su margen izquierda. El agua comienza a escasear y un ciclista nos sugiere cruzar el río al llegar a Massongex para rellenar las cantimploras en la fuente del pueblo. Pero el camino, si bien cruza el río, lo sigue de cerca, esta vez por su lado derecho, sin adentrarse en el pueblo. Llevamos caminando casi doce horas y mi mente cansada no concibe caminar más de la cuenta, mientras que Anthony prima la idea de conseguir agua. Cede a mi tozudez de mala gana, no sin tener que ceder yo a la suya cuando me ofrece una manzana que rechazo en primera instancia. "Tiene el agua que vas a necesitar cuando tu cantimplora ya no te la puede dar" me dice. Tiene razón, si espero a tener sed ya será tarde, pues la deshidratación ya estará ahí. Comparto la manzana con él y, en un parking situado en otro camino que nace a la izquierda del que debemos seguir, pregunto a unas señoras por una fuente cercana. Sus caras pensativas sugieren que no hay ninguna y una de ellas se ofrece a acercarme al pueblo en su coche para ofrecerme la de su casa pero, cuando me giro en busca de Anthony, éste ha desaparecido. En su lugar, diez caballos comienzan a pasar, uno tras otro, ante nuestros ojos, guiados por sus amazonas. La mujer que se ha ofrecido a llevarme habla con la primera amazona, que sonríe con gesto afirmativo y me anima a seguirla. Ante mi cara de asombro, la señora me explica que me darán agua en los establos, a los que el grupo se dirige de vuelta. Por suerte, se encuentran cerca y, para mi sorpresa, Anthony está allí, pues ha tenido la misma idea. Con la mochila pesada, de nuevo, a causa del agua, emprendemos el último tramo del camino hasta la Abadía de San Mauricio. Me temo que no llegaremos a las siete y, en efecto, a esa hora no hacemos más que abandonar la orilla del río para continuar por carretera, con las vías del tren a nuestra izquierda, hasta lo que parece tierra de nadie. La última media hora de camino es un giro interminable hacia la derecha, pegados a un muro de piedra que imposibilita cualquier atisbo de nuestro destino, al situarse la ciudad de San Mauricio más allá de su castillo. Una diminuta casa de dos plantas con un perro ladrando en su balcón me anima a detenerme con la esperanza de que lo acompañe su dueño. En efecto, un chico joven acude a la llamada de su perro y, al verme, pregunta en qué puede ayudarme. Cuando me señala la Abadía de San Mauricio "a continuación, al llegar a la rotonda", no puedo evitar suspirar, aliviada, y correr entre risas hacia Anthony, que se detiene y saca un llavero de su bolsillo, al que quita un aro que coloca en mi dedo anular. "No es un anillo, pero es mejor que nada" dice, con su característico guiño de ojo ante mi cara estupefacta.

Son las ocho cuando llegamos a la puerta de la Abadía, que encontramos cerrada. Como si el día no hubiera sido lo suficientemente largo, pienso para mis adentros, mientras mis ojos se dirigen a la puerta entreabierta del edificio anexo. Me dirijo hacia allí y, sin atreverme a entrar, Anthony lo hace por mí y grita desde la entrada, a lo que un hombre de mediana estatura y complexión fuerte responde con su presencia. Se trata de un peregrino procedente de Berlín llamado Ringo, alojado aquí con su hijo. Sabe dónde localizar al abad y nos conduce hasta él pues, según nos dice, hace rato que nos espera.

Por una extraña razón, la figura que se dirige hacia nosotros, esperando en la plaza, no me resulta amistosa. Al lado de

Ringo, el abad es, sin duda, la "i" y el gesto de su mano derecha impactando contra la esfera del reloj abrazado a su muñeca izquierda, sumado a su rictus contrariado, me sugieren que está enfadado. En un alemán que no comprendemos y que Ringo nos traduce con amabilidad, el abad nos explica que nos esperaba hace más de una hora, aunque no por ello nos priva de una habitación de dos camas con sábanas y toallas, así como lavabo y duchas en otra estancia. Envidio a Ringo y a su hijo, con dormitorios individuales, mientras sujeto la gorra fuerte, tratando de esconder mis manos y, con ello, mis dedos bajo la misma. No me gustaría estar sometida a la mirada inquisidora del hombre que, frente a mí, ríe mientras habla con Ringo, sin duda, refiriéndose a mí. En efecto, con motivo de mi presencia, los monjes serán privados de compartir el desayuno con nosotros a la mañana siguiente, al haber una mujer entre los peregrinos. No así el abad, que se ofrece a desayunar conmigo en solitario para que el resto de la comunidad pueda hacerlo con los otros peregrinos. Haciendo del humor mi mejor aliado, le respondo que no tengo inconveniente en desayunar con él si, de ese modo, contribuyo a preservar las tradiciones del lugar, respuesta que no espera, como delata su mirada. Me alegra saber que desayunaré con Ringo, su hijo, y Emmanuel, otro peregrino francés alojado aquí, además de Anthony y el abad. Agradezco el momento en que el abad abandona el dormitorio y, resistiendo la tentación de dejarme caer en la cama, me dirijo al baño a darme una ducha revitalizante.

33

Un dolor punzante atraviesa mi antepié izquierdo cuando lo apoyo para bajar por la escalerilla de la litera. La habitación está en penumbra, pues los italianos y la bicigrina que llegó ayer a última hora continúan durmiendo, de modo que sólo antes de emprender la marcha, en la cocina, consigo mirar la planta del pie. Allí donde acaba el dedo gordo comienza una rojez que duele al tacto, delatando al líquido en su interior. Es una ampolla por presión. El reposo no es una opción, así que tendré que aguantar el dolor. Kevin y Jarka se despiden obsequiándonos con un resto de leche y yogur que, sumados a un puñado de almendras, chocolate negro y plátano, nos sacian antes de abandonar el Ostello del Teatro a las seis de la mañana.

La salida de Piacenza es ruidosa y peligrosa, al conducirnos la app hacia una de las arterias principales de entrada y salida de la ciudad. Cédric se sitúa detrás de mí para no taparme y asegurar, así, que los conductores me vean mientras caminamos por el arcén de la carretera. Tras dos horas de camino en las que se suceden polígonos industriales, tramos de carretera y varios cruces suicidas, involuntarios pero necesarios para llegar a Pontenure a pie, nos sentamos en una terraza a disfrutar del silencio en compañía de un buen capuchino y una deliciosa focaccia de cebolla.

La etapa de hoy hasta Fiorenzuola d'Arda es llana pero larga, de unos treinta y dos kilómetros. El hecho de que transcurra por caminos asfaltados o de piedra suelta hace que el dolor a causa de la ampolla me resulte difícil de soportar. Cédric lo nota y trata de distraer mi atención con múltiples historias, al mismo tiempo que insiste en parar en varias ocasiones a lo largo del camino o en descansar uno o más días en Fiorenzuela hasta que la ampolla esté curada. Pero con ello no consigue más que incrementar mi irritabilidad. Si he podido convivir con dolor durante años, incluso óseo, ¿cómo no voy a poder lidiar con el dolor derivado de una ampolla plantar? Por alguna razón que no comprendo, me abruma su extremada preocupación por cómo me siento. De algún modo, su falta de confianza en mi fortaleza me causa más dolor que la ampolla en la planta de mi pie izquierdo. Ni siquiera los campos que atravesamos repletos de tomates pera, una variedad que adoro, consiguen levantar mi estado de ánimo. Tampoco el sol favorece el camino calentando el asfalto, bajo mis pies, desde lo alto. Aun con todo, el camino tiene su final y, tras atravesar primero Paderna y luego Chero, Fiorenzuola d'Arda no se hace esperar. El nombre le viene de San Fiorenzo di Tours, a quien está dedicada la Colegiata de estilo gótico junto a la que se encuentra el albergue de peregrinos. Éste no abre hasta las tres y media de la tarde, por lo que volvemos tras comer en una pizzería donde no somos muy bien recibidos.

En la habitación de cuatro camas no encontramos a nuestros conocidos Kevin y Jarka, sino a un francés y a un suizo. El francés es un señor mayor que, según nos cuenta, escoge caminos más rectos que los sugeridos por las guías, fundamentalmente carreteras, por lo que avanza más rápido que el común de los peregrinos, si bien a costa de paisajes menos bellos, pienso para mis adentros. Cuando el francés abandona la habitación para ducharse, Cédric se muestra más cariñoso de lo habitual conmigo, incluso protector, frente al suizo, Yvo, a quien me presenta como su pareja. En ese momento se me rompen todos los esquemas. La imagen de un zorro marcando territorio con sus heces se cuela en mi mente como un símil del momento presente. Decido calmarme, antes de hablar inapropiadamente, mediante una ducha de agua caliente. Mientras me desvisto, al quitarme el calcetín del pie izquierdo, una piedra minúscula aparece justo entre el calcetín y la ampolla, mi agonía personal del camino pasado. Yvo, que observa cómo desinfecto con Clorhexidina y pincho con aguja estéril la ampolla, sentada sobre mi litera, sugiere que me descalce cada vez que pare en el camino para evitar el mismo episodio en el futuro. "Al aire, el pie respira y, si ha sudado, le das tiempo a secarse para prevenir ampollas" me recuerda; es algo que vi hacer a muchos peregrinos a lo largo del Camino de Santiago, pero que no apliqué yo misma al no ver la necesidad para ello, pues no tuve molestias de ningún tipo. "Gracias por el consejo" le digo, mientras me fijo en su cara de mandíbula grande y marcada, suavizada por sus ojos claros y un bronceado y atlético cuerpo que le restan muchos años. Es de esas personas de edad indefinida, aunque las canas y arrugas alrededor de sus ojos lo condenan a una edad muy superior a la que, en verdad, aparenta.

Decido quedarme descansando mientras Cédric sale en busca de una cafetería para editarme unas fotografías. Vuelve poco después de haberse marchado sin dicha tarea acometida, lo que no contribuye más que a acrecentar mi enfado. ¿Cómo es que comparte nuestro noviazgo con un peregrino desconocido y no con las personas que más le importan, como su familia que, de hecho, no sabe ni que existo? Comparto mi inquietud con él y se disculpa por la incoherencia, pero en ningún momento le oigo decir que vaya a compartirlo con sus padres o hermanos, como he hecho yo, lo que me hace recelar y me lleva a pensar de nuevo en la continuidad.

34

Me visualizo en una calle no muy ancha de San Mauricio, de suelo empedrado y bombillas encendidas como velas generando un ambiente cálido. Estoy cenando en una terraza y Anthony está conmigo. Hemos pedido un plato combinado y una empanada para compartir y, tan hambrientos y exhaustos como estamos, no dejamos nada salvo unas patatas fritas que estaban a la cola de un ejército de fritanga. Los ojos de Anthony centellean y una imagen de los dos caminando hacia la abadía oculta la anterior. Los flashes desaparecen con una voz que llega del extremo opuesto de la habitación. "Buenos días, preciosa. Es hora de moverse, pero me puede la curiosidad… ¿por qué escogiste esa cama?" Adormilada y desorientada, como si Anthony me hubiera arrancado de golpe del sueño en el que me encontraba, sin comprender la pregunta, intento pensar en la respuesta que no tengo. "No sé, creo que mi subconsciente eligió por mí, ¿por qué lo preguntas?" "Pensaba que habías elegido en base a los símbolos. Sobre tu cama está la Virgen y, sobre la mía, Cristo en la cruz". Tiene razón, pero no reparé en ello hasta más tarde, cuando mis cosas estaban colocadas sobre la cama más alejada de la puerta, situada contra la pared en un ala derecha de la habitación con forma de "L".

Cinco minutos antes de las siete estamos en la entrada de la abadía junto a Ringo, su hijo Till, y Emmanuel. Los cinco esperamos al abad, quien aparece a las siete en punto invitándonos a seguirlo hasta una habitación en cuyo centro hay una mesa ovalada vestida para un desayuno de gala. Una vajilla de porcelana con motivos azules acogen el café o té elegido por cada peregrino mientras, en el centro de la mesa, quesos y panes de distinta índole propician la segregación de jugos gástricos antes siquiera de su degustación. También hay mantequilla fresca y mermeladas de albaricoque y frutos rojos, entre otras. Lamento que los alimentos vengan acompañados de un ambiente tenso en lugar de distendido, con el abad relatando su recorrido profesional en un alemán antiguo que Ringo entiende y traduce para los demás. Hace del humor su forma de expresión, pero es un humor que, unido a sus aires de poder, no me inspira confianza. Creo en Dios y en la labor de la Iglesia, pero figuras como el abad, lejos de acercarme a esta, hacen tambalear los cimientos que se me inculcaron desde pequeña.

Recogemos nuestras cosas tras la Misa cantada a la que asistimos junto con el resto de los peregrinos, por lo que no es hasta pasadas las nueve cuando abandonamos San Mauricio. Agradezco el cambio de pantalón largo, con el que he asistido al desayuno, por el corto. Con este me siento mucho más cómoda para caminar, a pesar de que no libra a mis piernas de los arañazos ocasionados por la vegetación característica de algunas sendas. Por el momento, la carretera por la que avanzamos no supone amenaza alguna para mis piernas, si obviamos el riesgo de ser atropelladas por un coche dirigido por un conductor distraído. Nos esperan algo más de dieciocho kilómetros hasta Martigny, primero por camino asfaltado y luego por bosque, donde afrontamos un desnivel superior a los cien metros. El primer pueblo que atravesamos es Vérolliez, al que sigue Evionnaz, La Balmaz, en el que seguimos el río Rhone hasta Miéville. El largo día de ayer me impidió leer el recorrido de hoy en la guía Lightfoot por lo que, al llegar a Vernayaz, el camino me sorprende con la garganta del río Trient, de doscientos metros de profundidad, que debemos cruzar por puentes de vertiginosa altura. La cascada de ciento catorce metros de altura, conocida como Pissevache, completa esta magnífica experiencia, que nos entretiene lo suficiente como para no alcanzar Martigny hasta las dos de la tarde.

Desde lo alto de un puente, diviso cómo la ciudad queda encajada entre los puertos del Gran San Bernardo y el Simplónn, advirtiendo lo que viene a continuación. No puedo evitar asociarla con un campo base, consciente de que en los tres próximos días afrontaremos una subida de tres mil metros. Camino absorta en mis pensamientos hasta que advierto que Anthony no me sigue, por lo que giro sobre mis talones y, aun de lejos, puedo apreciar que camina con dificultad. Conforme se acerca, su rostro me confirma que algo va mal. "Es la lesión por la que dejé el baile, siempre latente, ahora activa, imagino que por el sobreesfuerzo de ayer. Quizá no pueda continuar mañana y deba quedarme aquí. Con suerte, mejorará en unos días, pero podría no hacerlo, en cuyo caso deberé abandonar." Noto rabia y pesar en sus palabras y no lo culpo, pues yo también me enfadaría con mi cuerpo de hallarme en una situación semejante. Y pensar que hace menos de unas horas pasábamos por un puesto de venta de madera, ubicado a un lado del camino, con cestas de tomates Cherry, calabacines amarillos y verdes a la venta. Un letrero mostraba el precio de cada uno de los productos de la cosecha, que probamos nada más salir para advertir que eran de lo más jugosos y sabrosos, sonriendo agradecidos al responsable de tal genialidad.

"Irá bien. Recuerda mi pie y lo bien que se recuperó tras la sobrecarga con tus masajes y algo de descanso, aunque fuera activo" digo, creyéndolo de verdad, optimista ante la ausencia de golpe, caída y fractura fatal. Pero él se muestra más cauto y receloso que yo, pues prefiere escuchar a la voz de la experiencia antes que a la mía. Consciente de que no voy a cambiar eso, busco una terraza de un bar para que se siente y, mientras bebe, me encargo de aquello que sí está en mi mano. Según mi guía hay dos opciones de alojamiento en Martigny, una parroquia protestante y un camping. Decido buscar la primera y, con la ayuda de varios transeúntes, la encuentro a veinte minutos de allí, junto a un colegio en una calle tranquila, pero está vacía, por lo que me dirijo a las puertas laterales. Una de ellas recoge mensajes para los peregrinos, pero tras llamar varias veces sin respuesta, incluso al número de teléfono que consta en la guía, me doy por vencida. El aspecto, desde fuera, es el de un lugar abandonado.

Vuelvo sobre mis pasos, algo decepcionada, aunque orgullosa de haberle ahorrado semejante caminata a mi lesionado compañero, como hizo él cerca de Jougne, cuando era mi pie izquierdo lesionado el que pedía a gritos un descanso. Anthony sigue en el mismo sitio en el que lo había dejado, solo que algo más animado, pues el dolor ha menguado en esta hora de descanso. Afortunadamente, el camping no está muy lejos de donde nos encontramos y, allí, antes siquiera de montar la tienda, escogemos un espacio verde de explanada, el más alejado de la entrada y el más cercano a los baños, para tumbarnos a descansar.

Unas nubes se pasean ante mis ojos y juego a descifrar los mensajes que ocultan sus formas. Mientras, Anthony juega con mis rizos y, más tarde, un picnic completa un día tan lleno de luces como de sombras.

35

Un sonido seco y fuerte hace que me levante de un salto de la cama en mitad de la noche. Parecía el sonido de algo impactando en el suelo, pero los móviles están en su sitio y nada en el suelo llama mi atención. Todo parece estar en orden, salvo mi agitada mente que me quita el sueño. Pero no soy la única en vela en la habitación. Cuando vuelvo a la cama y me incorporo para cerrar el saco, lo veo. Está erguido, con los ojos cerrados, sentado sobre la litera en la posición del loto. Yvo está practicando yoga a las tres de la madrugada. Es sorprendente la fuerza de voluntad que tienen algunas personas. Si él es capaz de dejar de lado el sueño en mitad de la noche para rendir culto a su cuerpo y mente, ¿cómo no sacar la fuerza necesaria para continuar caminando en compañía de una ampolla plantar?

La teoría está clara, pero la práctica cuesta más. Los tres días siguientes son días empañados por el dolor a cada paso, con la dificultad añadida de que predominan los caminos de pedriza. Aun sin apartar la vista del suelo para evitar las piedras más grandes, cada pisada me hace ver las estrellas al sentir cada una de las piedras del camino, por pequeñas que sean. La sensación es la de caminar descalza, algo a lo que la fina piel de mis pies no está acostumbrada, salvo en verano sobre la arena de la playa. Decido quedarme con esa imagen, la de mis pies caminando por primera línea de mar, mojados por el ir y venir de las olas. Pienso en el sonido e intento relajarme al mismo tiempo que acompaso mi respiración al movimiento de las olas.

Poco después de dejar Fiorenzuola d'Arda con los ingleses bajo un cielo bañado de rojo por un sol desperezándose, descubrimos la abadía del siglo XII de Chiaravalle della Colomba, rodeada tan sólo por un bar y unas cuantas casas más. Allí coincidimos con nuestros compañeros de habitación de la pasada noche, con quienes nos volvemos a encontrar en la hermosa Fidenza, donde sólo nos detenemos para comer antes de continuar caminando hasta Costamezzana. Nos acercamos a las montañas conocidas como Apeninos, en las que nos esperan subidas y bajadas de hasta mil metros. La canción "The Baker's Wife" de Guido Belcanto suena a mi alrededor entre las verdes colinas, surcadas por caminos de tierra, que mi dolorido pie agradece frente a las piedras. Sonrío cuando el viento me acaricia el rostro, suavizando el calor a causa del sol, al mismo tiempo que río por la letra que escucho. Mi risa alienta a Cédric a reproducir otras canciones como "Un ragazzo solo" de David Bowie y "Time's a wastin" de Johnny Cash. Sucumbo a su insistencia para que cante de nuevo, y escojo la canción "Come with me" de Phil Collins, la misma con la que mi hermana me entregó el ramo de novia que lució el día de su boda después de que mi amiga Belén le desvelara que estaba entre el top 10 de mis canciones preferidas. Cédric responde con otro solo de Johnny Cash y me invita a interpretar a June Carter para cantarla a dúo. De esta guisa llegamos a Fornovo di Taro, conocido por su puente sobre el río Taro, aunque yo lo recordaré principalmente por la excelente comida que probamos en la terraza del restaurante

La Maison, donde también Yvo está degustando algunas de las especialidades vegetarianas de la carta. Una ensalada aliñada con una crema de Módena de ensueño, seguida de unos tortellini rellenos de ricotta y hierbas, así como de una tarta templada de manzana servida con helado de canela, nos proporcionan las ganas necesarias para continuar hasta Sivizzano. La estatua románica de un peregrino sin cabeza nos ve alejarnos desde la fachada de piedra medieval de la iglesia de Santa María Assunta. El resto del camino avanza por carretera, cuesta arriba, durante casi tres kilómetros hasta Caselle, para descender luego hasta la parroquia de Santa Margarita, en cuyo claustro encontramos a la hospitalera. Se muestra contrariada porque llegamos sin reserva y, de encontrarlo cerrado, como ocurre cuando ella está ausente, deberíamos caminar durante cuatro horas más hasta Cassio por montaña, comenta alarmada por la hora, pues son las seis de la tarde.

El albergue se sitúa en la planta baja del propio claustro, que incluye una preciosa habitación de piedra con techos bajos abovedados y camas dispuestas en hileras, algunas individuales y otras dobles, que conecta con una cocina a la que no le falta de nada. El baño está fuera y huele a limpio. La hospitalera, una señora mayor de lo más inquieta, vive arriba con su madre, a la que cuida, y enseguida hace una lista para traernos los ingredientes necesarios para la cena y el desayuno de mañana. Yvo aparece por la puerta en ese momento, lo que ocasiona que tanto la hospitalera como nosotros torzamos el gesto, aunque por razones muy distintas. "Otro sin reserva y al que tengo que alimentar", "otra vez esa mirada inquisidora", y "adiós a la intimidad" son los pensamientos que creo leer en cada una de nuestras mentes.

La tensión entre Cédric y yo no hace más que aumentar

como si la mera presencia de Yvo interfiriera negativamente en nuestra relación. Pero lo cierto es que él no tiene la culpa de nuestras últimas peleas acontecidas en la carretera. Como la de esta mañana, en la que Cédric tiró de mí para protegerme de un coche, sin darse cuenta de que con ello podría haber ocasionado mi caída. Además, yo estaba en una isla donde el acceso queda vetado a los coches y, por tanto, segura. Me molesta que me trate como a una niña pequeña y que, en cambio, sea él el que se comporte como un crío caminando junto a mí por la carretera en lugar de detrás de mí, distraído con el móvil en la mano, incluso con música, como si los coches fueran a avisarlo para que se apartara antes de atropellarlo.

Cédric prepara penne al pesto rosso para cenar, que acompañamos de una ensalada de tomate con aceite de oliva y albahaca y un resto de salchichón. Durante la cena, Yvo nos cuenta que es profesor de una corriente hindú del yoga centrada en la sexualidad. Hablamos de la India, donde vivió un tiempo para aprender los detalles de la misma, de Suiza y el chocolate con leche Callier, de Bélgica y su famoso chocolate negro, del vegetarianismo, de la aversión de Yvo hacia el microondas por considerarlo un aniquilador de los nutrientes de los alimentos, de la arquitectura del sueño y sus ondas, del camino y, en definitiva, de la vida.

36

Las sombras del dolor y del rechazo por miedo oscurecen las magníficas montañas que rodean al camping de Martigny, donde me hallo junto a una tienda de campaña de dos plazas. Aosta se acerca y, con ello, el final de mi viaje. No he dejado de recordárselo desde el inicio, quizá también para recordármelo a mí misma, pues detesto las despedidas. También porque estoy cansada de amar y no ser correspondida, y me niego a volver a pasar por un duelo. No sé si podría soportarlo. Las palabras "déjalo ir" resuenan en mi mente, una y otra vez, después de que Anthony las pronunciara en un momento de reencuentro, tras dejar de lado nuestras diferencias y distantes pensamientos.

Camina a pesar del dolor, algo que aplaudo, a mi lado. Y en un día con más grises que claros en el cielo, a causa de las nubes, nos disponemos a afrontar una subida de casi mil metros a lo largo de veinte kilómetros hasta la ciudad de Orsières. Escogemos un camino cuya primera parte transcurre por una senda que sigue al río Dranse desde las alturas. Subimos, bajamos y volvemos a subir, hasta que una cortina de agua nos obliga a detenernos para colocarnos la capa de lluvia y proteger nuestras mochilas del agua. La subida continúa hasta que oteamos un núcleo de viviendas desde lo alto y, en este punto, siguiendo las flechas, comenzamos el descenso hasta Sembrancher. Jamás me imaginé comiendo una hamburguesa a las once de la mañana y, sin embargo, aquí estoy, en un bar de carretera, saboreando media hamburguesa de pollo con salsa caramelizada y media de carne con beicon y salsa barbacoa que, sin lugar a dudas, desbanca a la anterior. El neoyorkino sentado frente a mí aplaude este mérito gastronómico de su tierra que tanto se disfruta con salsa y dos manos dispuestas a llenarse de grasa.

Dos peregrinos asoman al final de la calle cuando, con los depósitos llenos de combustible, volvemos a la carga, dispuestos a continuar el ascenso. Estamos a mitad de camino de Orsières y es la primera vez que encontramos compañía desde que saliéramos de Besançon hace nueve días. Reconozco a Emmanuel, a quien conocimos en la Abadía de San Mauricio, que camina ahora con su amigo Christian, quien se hace llamar Christ. "Cristo y el niño Jesús, fácil de recordar, ¿verdad?", bromean, mientras subimos por un camino de tierra entre árboles. Las vías del tren quedan atrás, cada vez más bajas, y mis piernas se crecen, acelerando el paso que coordino con mi respiración, mientras oigo de lejos la voz de Emmanuel alabando mi condición física. "Es la montaña, me llena de energía" y le cuento cómo, desde bien pequeña, primero a corderetas, con la ayuda de papá cuando me podía el cansancio, y luego sola, he hecho largas excursiones por montaña. Le hablo del Pirineo Aragonés y, luego, hablamos de algo conocido por los dos, el Camino de Santiago, que caminó con Christ años atrás, "cuando esta cabra loca estaba hecha un toro" me dice, entre risas. "Ahora su rodilla lo limita, ya lo verás" añade, mientras miro hacia atrás, con curiosidad, y veo a un hombre con visible cojera, Christ, luchando consigo mismo.

El camino da un giro de noventa grados en un punto

abierto, sin vegetación, donde un banco ejerce al mismo tiempo la función de aliado en el esfuerzo y mirador. En él está sentada una pareja a la que Anthony me presenta en cuanto aparezco, también americanos, ya retirados y muy simpáticos, que en seguida se sienten atraídos por nuestra historia. Emmanuel pasa junto a nosotros y saluda sin detenerse, concentrado en el camino. Christ lo sigue a continuación pero, como si se hubiese volatilizado, es a Emmanuel a quien solo alcanzamos poco después de dejar a los americanos en el mismo banco donde los encontramos. Después de la subida entre árboles, un claro nos muestra dos caminos, uno que continúa en línea recta, otro que desciende y allá abajo, al fondo, se divisa la ciudad de Orsières.

Mi pie izquierdo me da un toque de atención, así que cojo aire y lo suelto lentamente, contando cada inspiración y espiración hasta diez, para luego volver a empezar un ritual que desvía mi atención del dolor a la respiración. Anthony no se ha quejado de su pierna en todo el trayecto, pero no cojea, por lo que, si le duele, como a mí, tampoco lo manifiesta. Imagino que los dos cargamos, a nuestra manera, con nuestra cruz en silencio, con la confianza de que el dolor remita o, al menos, podamos soportarlo para seguir haciendo aquello que más nos gusta.

Dejamos nuestras mochilas junto a la iglesia de piedra, cuya torre reloj con punta de aguja recuerda a un rayo hambriento por atravesar el cielo. "Hoy me toca a mí, voy a la Oficina de Turismo a pedir la llave del albergue de peregrinos de la iglesia, como me ha sugerido Emmanuel. ¿Me esperas aquí?" Asiento con un gracias y me siento junto a la entrada, hasta que la melodía de "Aleluya" llega a mis oídos y me decido a seguirla hasta el interior de la iglesia. A pesar de que no son ni las cuatro de la tarde, están celebrando un funeral y un coro canta mientras los feligreses pasan a recibir la Comunión. Noto cómo dos lágrimas resbalan por mis mejillas al son de la triste melodía y salgo para sentarme en el lateral de uno de los escalones de la entrada. Una chica joven está de pie, frente a la iglesia, pero no parece que me vea, más bien parece inquieta, como si buscara algo o a alguien, y su indumentaria recuerda a la de los Boy Scouts. Enseguida se pierde en el interior de la iglesia y yo me alejo para sentarme en las escaleras del albergue, aunque no llego a hacerlo, pues Anthony es más rápido que yo. Llega con una sonrisa y unas llaves, tintineando en su mano derecha, que obran el milagro de brindarnos un lugar de descanso.

La planta baja nos sorprende con una cocina y una mesa lo suficientemente larga como para reunir a un buen grupo de peregrinos. No así la planta de arriba, una buhardilla con colchones, almohadas y mantas que distribuimos estratégicamente en el suelo para caber los seis: Ringo y su hijo, Emmanuel y Christ, a los que Anthony ha visto en la Oficina de Turismo, y nosotros. Una ducha y un masaje de pies consiguen que vuele al supermercado soñando con cocinar un plato que me encanta. Anthony me acompaña y se ríe conforme me detengo, dubitativa, ante los estantes de la tienda, en mi intento por conseguir ingredientes lo más parecidos a los que uso en España. "Me gustaría que el resultado fuera comestible, sobre todo, porque tengo mucha hambre" le digo, mientras ríe antes de dirigirse a por una botella de vino tinto.

El arroz es agradecido y, aun sin tiempo para remojo ni los utensilios más adecuados para su cocción, está en su punto. El mayor reto es hacer los huevos con una bolsita de diez mililitros de aceite de oliva virgen extra que saco del interior de mi mochila y que me permiten hacerlos a la plancha con tapa. Ringo asoma la cabeza por la cocina y lo invito a cenar con nosotros, invitación que acepta de buen humor. Emmanuel se excusa para salir a cenar con Christ, que lo espera fuera, pero me obsequia con un bote diminuto e ideal para viajar que contiene sal con hierbas para cocinar.

Anthony pone la mesa y prepara unos montaditos de calabacín y queso como aperitivo que sitúa en el centro. Ringo añade embutido y pan, y yo me ocupo de que cada uno reciba un abundante plato de mi versión de arroz a la cubana, que consiste en un bol de arroz rehogado con ajo y rematado con tomate frito y huevo a la plancha. Tras dejar que la yema del huevo se funda sobre el tomate y el arroz, los platos se vacían unos tras otros y Ringo felicita mi cocina. "No, no, es un plato muy sencillo, pero aun así es uno de mis favoritos" le digo al Pastor Protestante que, casualmente, también trabaja en un hospital, al igual que su mujer, que es enfermera. La velada termina conmigo sentada, observando convivir a dos hombres muy distintos en el reducido espacio de la cocina, pues Ringo se niega a dejarme recoger y lo hacen entre Anthony y él. Cuando me levanto a secar los utensilios fregados, Ringo se asegura de que tenga mis manos ocupadas con un plátano que me tiende junto a una tableta de chocolate negro. "Otro que ya te conoce bien" resalta Anthony con un guiño cómplice ante el gesto de Ringo.

La noche se cierne sobre Orsières y seis peregrinos de cuatro nacionalidades distintas dormimos bajo el mismo techo, reunidos por un mismo destino como una gran familia de raíces alpinas.

37

Sólo el sonido de nuestros pasos unido al de nuestra respiración entrecortada rompe el silencio que nos acompaña a lo largo de la subida hacia Bardone, Terenzo, Villa de Casola y, finalmente, Cassio. En total, unos novecientos metros de desnivel que alternan carreteras secundarias con caminos empedrados y sendas que surcan pastos donde están recolectando heno para la producción del queso más característico de la zona, el parmesano. Camino a paso ligero para reducir, con ello, el impacto y el dolor que siento a cada paso. Tras un alto en el camino en lo que parece un caserío y un bar de reunión para moteros, además de ser el productor del peor panini que he probado hasta ahora, afrontamos el último repecho hasta Cassio.

Como no podía ser de otra manera, encontramos a Yvo en la terraza de la única pizzería disponible junto al bar del pueblo. Está comiendo una pizza que tiene muy buena pinta, con tal cantidad de queso que desborda por los laterales de una masa de forma irregular y ovalada que sugieren que es artesana. Yvo nos invita a compartir la mesa con él, quien está decidido a llegar hoy a Paso de la Cisa. Nosotros no hemos decidido aún si nos quedaremos en Berceto, a diez kilómetros de aquí, o si continuaremos, como él, siete kilómetros más hasta el puerto de montaña. Sea como sea, retomamos la marcha juntos rodeados de un paisaje montañoso que se abre hasta regalarnos una panorámica de los Apeninos. Cédric sigue bromeando con el episodio del baño, en el que tiré por error de la cadena equivocada y, en lugar de activar el agua de la cisterna, activé la alarma de incendios alertando a los comensales, no así al personal, que debía de estar más que acostumbrado a desactivarla por tratarse de un error frecuente, según me hicieron saber luego los camareros.

Recuerdo que hoy, domingo 15 de septiembre, mi tío celebra en el restaurante Azoque su jubilación, por lo que llamo para hablar con todos antes de que empiecen a comer. Cédric hace lo mismo con los suyos que, casualmente, también están de celebración familiar. Así es como voces en español, neerlandés y francés se hacen eco al mismo tiempo entre los prados mientras nos aproximamos a Berceto, cuyas estrechas calles lucen hermosas y coloridas casas de piedra. La mayoría cuenta con escalinatas para acceder a la planta superior y, junto a la iglesia románica, en el centro del pueblo, la fuente Romea suministra agua carbonatada para favorecer la recuperación tras el esfuerzo realizado para llegar hasta allí. Es tarde y, aunque tenía pensado continuar hasta Paso de la Cisa, en el interior de la iglesia me convenzo de que debo quedarme si no quiero correr el riesgo de que la noche me sorprenda en plena montaña. Pero estoy decidida a continuar sola. Supongo que la ampolla ha bastado para probarle a Cédric que no soy ningún ángel, que cuando sufro me vuelvo irritable, y que no siempre brillo como el sol. Si la más mínima adversidad consigue distanciarlo de mí mediante la construcción de un muro que durante tantos años le ha servido de coraza y que parecía haberse derrumbado en las últimas semanas, ¿qué ocurrirá cuando debamos superar juntos obstáculos de mayor magnitud?

Sentados en un banco del parque, observamos la puesta de sol, en silencio, cada uno en busca de las palabras adecuadas. Alegre porque estoy allí y no en Paso de la Cisa, Cédric me confiesa que me echará de menos. "Hacía mucho tiempo que no conectaba así con nadie. Eres maravillosa... mi ángel" añade, mientras hago un esfuerzo por contener las lágrimas que amenazan con rodar por mis mejillas. Insiste en invitarme a cenar en un restaurante italiano de lo más acogedor y elegante, donde por fin probamos la Tagliata y una selección de postres de la casa que nos recomienda su amable camarera. De vuelta en el albergue, Casa della gioventú, nos fundimos en un largo abrazo conscientes de su significado y, sin pronunciar un adiós, nos separamos y deseamos suerte. Y es que la Casa della gioventù cuenta con habitaciones separadas para hombres y mujeres y ello hace que me encuentre sola en la habitación, a diferencia de Cédric, quien tiene compañía.

Dicen que Dios aprieta pero no ahoga y, en efecto, a la mañana siguiente, la angustia de mi corazón se ve compensada con un más que soportable dolor del pie izquierdo; la ampolla comienza a secarse. La luna llena guía mis pasos en las primeras horas del día, primero por carretera, luego por senda, entre maleza, donde Kevin me adelanta, no sin antes interesarse por cómo estoy. Camina solo, pues Jarka, su mujer, dejó el camino en Fidenza para atender un congreso en Florencia y lo retomará en el punto en el que se halle Kevin cuando finalicen las conferencias. Asciendo por un camino boscoso y sombrío hasta una intersección que lleva a continuar recto hasta el albergue y, en cambio, a girar a la izquierda para continuar hasta Paso de la Cisa. Giro a la derecha preocupada por la decisión tomada, pues he salido sin desayunar a las seis y media, y son casi las nueve de la mañana y no veo nada a mi alrededor que sugiera que estoy cerca, cuando el recorrido desde Berceto hasta Paso de la Cisa no supera los diez kilómetros. Mis temores se disipan cuando alcanzo Monte Valoria y veo a Kevin en lo alto. Ante nosotros tenemos una panorámica de trescientos sesenta grados, con un cielo azul que nos brinda la visión del Valle del Magra al completo, ¡incluso puedo ver el mar al final del mismo! Emprendemos el descenso juntos, en mi caso, corriendo, pues hay piedras sueltas y es mi forma de evitar resbalones y caídas. Llegamos enseguida a Paso de la Cisa, donde encontramos un único bar, aunque suficiente para desayunar copiosamente. Justo cuando nos disponemos a pagar para continuar, se abre la puerta y aparece Cédric, quien se acerca para abrazarme y plantarme un beso en cada mejilla. Parece contento de verme, incluso Kevin de vernos juntos de nuevo, quien toma una fotografía de los dos para mandársela a su hija, algo que inevitablemente me recuerda al italiano del primer día. Los dos reímos con complicidad, por ese motivo, antes de despedirnos. Se me hace raro dejarlo allí, pero me recuerdo que es lo mejor para los dos, al menos por ahora. Noto que Kevin me espera y acelero el paso para alcanzarlo. La conversación con él es tan interesante y asombrosa como las vistas montañosas. Me habla de sus dos hijos, ambos muy creativos, pero con formas diferentes de expresar la creatividad, pues el mayor lo hace trabajando con las manos, mediante la construcción de maquetas para trenes, mientras que la pequeña lo hace a través de la escritura tras haber estudiado Literatura. Ellos, en cambio, son científicos dedicados al campo de la investigación. Aunque ahora está jubilado, Kevin me cuenta que su trabajo en la Universidad siempre le concedió mucha flexibilidad para viajar. De hecho, ha recorrido multitud de caminos de Santiago en España, pero también en

Eslovaquia, de donde es Jarka, en Italia, e incluso el Camino Azul en Hungría. Hablamos de escalada, un sueño que me parece muy lejano, pero que él practicó hace años y lo llevó a Nepal, al Himalaya, en su ascenso del Annapurna, donde me confiesa que sufrió mal de altura.

A Kevin no hay higuera que le pase inadvertida y, mientras comemos higos, me cuenta que tienen un huerto con todo tipo de árboles frutales, así como vegetales, hortalizas y gallinas, a las que alimentan con restos de su comida o la de sus vecinos, a los que les proporcionan huevos como moneda de cambio. Casi todo lo que se llevan a la boca es de producción propia o fruto de la pesca de Kevin, algo que admiro y envidio, como el hecho de que tras veinticinco años de matrimonio con Jarka jamás hayan discutido.

El descenso nos obsequia con hermosos parajes, como Paso del Righetto, Previdé, Toplecca y Paso della Crocetta, hasta desembocar en Pontremoli. Atrás queda Emilia Romana ahora que hemos entrado en la Toscana, con Pontremoli como primera parada. Es un lugar que enamora por su historia, como sugieren sus numerosas iglesias, puentes de piedra, fortalezas y torres. Tras indicarle la forma más fácil de llegar al albergue, me despido de Kevin frente a una Trattoria donde, a pesar de tener la cocina cerrada, me invitan a sentarme en la terraza, con vistas al río, y me sirven una sopa minestrone deliciosa. Una hora más tarde llego al Ospedale San Lorenzo Martire y, conforme avanzo por el pasillo del edificio principal, la figura de espaldas a mí se vuelve al saludo de los hospitaleros. "De haber llegado antes me habrías oído cantar" me dice Cédric a modo de saludo.

38

Es martes, 6 de agosto, cuando amanece en Orsières y nos dirigimos hacia Bourg Saint Pierre, última parada antes de llegar al Gran San Bernardo, frontera con Italia. Hace diez días que emprendí este viaje que parece tocar a su fin, pues mi meta, Aosta, queda ahora sorprendentemente cerca. Una parte de mí quiere seguir, por no decir toda, pero no puedo, no si quiero conservar mi empleo. Pero, ¿de verdad quiero conservarlo?, ¿o es un salvavidas al que me aferro por temor a ahogarme entre las olas?. Como si mi mente no aceptase el hecho de que aprendí a nadar hace tiempo, y de que incluso me propusieron competir mientras estudiaba secundaria. Y luego está mi lector de mente particular, Anthony, quien está convencido de que merezco algo mejor. Conforme Italia se acerca, su preocupación aumenta de forma proporcional a su insistencia para que reconsidere la opción de continuar hasta Roma, incluso sola. Por mí. "Te lo mereces" me dice, mientras saca una tarjeta naranja que me tiende para que la guarde. "Me la dio ayer una chica interesada en mujeres aventureras dispuestas a contar su historia en la revista Adventure She magazine, de la que es editora. Tenías que haberla visto, con esa indumentaria propia de los Boy Scouts. Me topé con ella cuando fui a por las llaves a la oficina de

Turismo" añade, mientras mi mente evoca la imagen de la chica inquieta a la salida de la iglesia.

Encontramos a Christ en una curva del camino, junto a una señora que le señala por dónde debe seguir para llegar a Saint-Pierre sin nada que lamentar. Resulta que ha habido un desprendimiento en el sendero habitual, en el lado de la cascada, por lo que nos vemos obligados a tomar un camino más largo. Anthony recuerda, divertido, cómo de camino a la oficina de Turismo recibió el pitido de un coche, al mismo tiempo que alguien le hacía señales desmesuradas con el brazo fuera de la ventanilla. Era Christ, quien tras verse muy apurado por su dolorida rodilla después de la fuerte subida, había decidido hacer autostop, sin sospechar que acabaría siendo premiado por semejante acción. El hombre que se ofreció a llevarlo, granjero de profesión, no sólo lo invitó a comer con él, sino que además lo obsequió con lomo de asno y queso de elaboración propia que nos dio a probar más tarde para deleite de todos.

Después, todo se vuelve borroso, salvo el ascenso de casi mil metros de altitud refrescado por un chorro de agua helada. Lo había visto de lejos, regando los campos de alrededor pero, inmersa en mis pensamientos, obvio que me voy aproximando a él poco a poco, hasta tenerlo encima y yo, sin entender qué, cómo ni por qué, echo a correr cegada por el agua, con tan mala suerte de hacerlo en su misma dirección y ritmo. Anthony sigue la escena detrás y aún lo escucho reír cuando llegamos a Bourg Saint-Pierre, enfadados, aunque por motivos distintos, como descubrimos más tarde.

Un Ringo radiante nos saluda desde un escalón junto a la iglesia. "Estaréis cansados. Acompañadme, la casa parroquial tiene más habitaciones de las que podemos ocupar y hay una de cuatro camas que está libre y he reservado para vosotros". Camino entre nubes y en ellas me muevo aún cuando Ringo vuelve, minutos después, directo hacia mí con un paquete envuelto en papel de aluminio. "¿Tienes hambre?" Pregunta, mientras me acerca el paquete a la nariz y un delicioso olor a pizza me envuelve. Sorprendida y curiosa, respondo afirmativamente con una inclinación de cabeza. "Pues esta pizza es para ti y creo que te va a gustar. Yo me he comido la mitad que falta y me ha sabido a gloria" añade, al mismo tiempo que se lleva los dedos a la boca para expresar con gestos lo exquisita que está. Y lo está, al menos la mitad que me tomo, pues le doy la otra mitad a Anthony. Y pensar que creía haberle caído mal a Ringo aquel día que nos conocimos en San Mauricio. Ahora se muestra atento y encantador. ¿Es posible que la cena que preparé ayer en aquella cocina en Orsières haya tenido algo que ver?

He terminado de comer y tengo frío a causa de la ropa mojada por el agua. Una mirada a mi compañero de viaje basta para darme cuenta de lo que llega. Ha esperado a que tuviera el estómago lleno antes de hablar de lo que le carcome. Una respuesta a una pregunta ha hecho tambalear su castillo de naipes, sólo que no comprendo por qué ha esperado hasta ahora para decírmelo. Son necesarias dos largas conversaciones con demasiadas repeticiones para mi gusto, una ducha, y una concienzuda y relajada escucha de la voz de tenor de Ringo en el altar de la iglesia, antes de solventar lo que, sin duda, ha sido un malentendido. Pero la verdadera tormenta no ha hecho más que empezar iluminando, primero, la cocina mientras cenamos con unos franceses que caminan la vía alpina y, después, hasta los rincones más escondidos de la habitación. Los truenos siguen a los relámpagos, sin pausa, lo que significa que tenemos a la tormenta encima. Nunca me han gustado, menos en la montaña, tan impredecible y tan cerca del Gran San Bernardo, cuyo acceso queda limitado con mal tiempo. Saldremos juntos para afrontar la adversidad con la confianza que da el sentirse en compañía. Así lo hemos acordado con Ringo, que trata desesperadamente de atraer la atención de su hijo al presente, quien se muestra más interesado por conectar con aquellos a los que ha dejado en casa, o cerca de esta, como la dueña de su corazón.

39

La voz de soprano de Diana, una mujer mayor de cabellos dorados que sirve de hospitalera aquí, en Ospedale San Lorenzo Martire en Pontremoli, me traslada a un lugar en calma que alegra mi alma. Tras una mirada atenta me califica de "bella", también de "brava" por llegar sola; luego, mira a Cédric reflexiva y, como si acabara de tener una genial ocurrencia, abre mucho los ojos antes de decir "qué bonita pareja".

El Convento Padre Capuccini aloja a los peregrinos en habitaciones individuales, además de disponer de zonas comunes, como un amplio lavadero y terraza para secar la ropa, varios baños, y una cocina donde visualizo a Kevin cenando sobre esta hora. Recibo un mensaje de Cédric en el que me propone ir al supermercado para cocinar y cenar aquí, pero me apetece pasear por las calles de la hermosa Pontremoli. Un momento más tarde, unos nudillos golpean cuidadosamente la puerta de mi habitación y, juntos, salimos a descubrir los rincones de la ciudad que ostenta el nombre de "Puente que tiembla" en honor al puente de piedra sobre el río Magra. Me conformo con ver la fachada de la Catedral de Santa María del Popolo, que encontramos cerrada, al igual que las iglesias de San Nicolò y de la Santísima

Annunziata, que son sólo algunas de las que conforman esta sede episcopal. El castillo del Piagnaro nos observa desde lo alto mientras nos perdemos por el casco antiguo de la ciudad donde, casualmente, nos topamos con Yvo, quien me repasa de arriba a abajo a pesar de sostenerle la mirada, para mayor disgusto de Cédric. Sin un rumbo fijo, llegamos a la Trattoria donde he comido y, tentados por la deliciosa sopa de legumbre, verduras y pesto que me han servido a mediodía, acabamos sentados en la misma terraza. Una pareja ubicada en la mesa contigua se desvive por traducirnos cada plato y emitir su propia recomendación. Así descubro los testaroli, una pasta medieval originaria de la Toscana, mientras juego a adivinar cuál de las tres historias que me relata Cédric es la verdadera. "Una señora mayor italiana me ha besado en una mejilla, en la otra y, después, en la boca", o "He difundido una foto con barba entre mi familia y todos la han aplaudido, incluso Lukas, el más crítico", o bien "He cantado Time's a Wastin para Diana en el recibidor del albergue". Me decanto por la tercera, aunque pienso que todas podrían ser verdaderas, incluso la del beso, al evocar la efusividad y ganas de hablar de algunos italianos a nuestro paso por los pueblos. Y resulta que todas lo son.

Las velas inmersas en flores de piedra alumbran nuestros rostros antes de abandonar la terraza y sucumbir al deseo de Cédric de posar bajo el arco de piedra que sirve de entrada al restaurante. De nuevo, él está decidido a quedarse un día más para visitar en mayor profundidad la ciudad, mientras que yo estoy decidida a marcharme, a pesar de que quiere que lo acompañe. Nuestras manos se rozan en el camino de vuelta, anhelando su contacto, hasta que se encuentran y nuestros dedos se entrelazan. Mi cabeza rumia la palabra amistad como un imposible entre un hombre y una mujer, no sin riesgo de enamoramiento por alguna de las partes en algún momento. Es lo que Cédric ha insinuado que éramos ahora, amigos. La luz de una luna casi llena basta para comprobar, en la azotea del albergue, que la ropa sigue húmeda. Con las manos vacías, regresamos al pasillo y nos detenemos frente a mi habitación donde, abrazados, me susurra "quédate conmigo" y, de nuevo, como aquella primera vez, sólo que ahora me busca él, nuestros labios se funden en un ferviente y apasionado beso que sólo interrumpimos ante el sonido de una puerta.

Aún siento el tacto de sus labios cuando, a la mañana siguiente, lista para partir, llamo a la puerta de su habitación. Me esperaba, pues está vestido y su cara no muestra sorpresa ni decepción alguna al darse cuenta de que me marcho. "Hasta pronto" nos decimos, colgada yo de su cuello y apoyadas nuestras frentes la una contra la otra, aunque algo me dice que esta vez pasará más tiempo hasta que nos volvamos a ver.

El camión de la basura sigue mi salida de la hermosa Pontremoli, al que sólo consigo despistar cuando entro en un horno para comprar focaccia y pan para acompañar con el queso que llevo. El camino hasta Filattiera transcurre por una carretera bastante transitada que sólo consigo evadir en algunos tramos a través de sendas boscosas, para luego sumergirse en el bosque, que sólo se abre a su paso por los pueblos medievales de Filetto y Virgoletta. Alcanzo a Kevin y con él llegan los higos y las moras que atisba en el camino. "Ayer mandé la foto que os hice en Paso de la Cisa a mi hija y me dijo que eres tal cual te imaginaba, sin que yo le diera ningún tipo de descripción previa" me dice, sorprendidos los dos. "Será una gran escritora si hace uso de su imaginación" añado, consciente de lo orgulloso que está de ella. Sin duda, la adora. Hablamos de las rutas europeas a pie marcadas mediante señales E1, al toparnos con varias a lo largo del camino. También de medias maratones, otra de mis metas que Kevin ya ha cumplido al haber participado en cuatro ocasiones en la de Newcastle, que a día de hoy acoge a sesenta mil corredores. Pero su mayor afición es la pesca y la razón por la que desea volver cuanto antes, para no perderse la temporada, al ser el otoño y el invierno las mejores estaciones para practicarla.

Desde Terrarossa hasta Aulla seguimos el arcén de una transitada e infinita carretera con polígonos industriales a mano izquierda. Es sólo la antesala del final de etapa tras casi treinta y tres kilómetros pues, en efecto, Aulla se me antoja una ciudad espantosa, cuya abadía de San Caprasio, donde nos alojamos, es lo más destacado. Pero el incidente con mi guía, que me ayuda a llegar hasta allí, consigue enturbiar también mi percepción de este lugar, ya que me acusan de robar mi propia guía nada más llegar, al confundirla con otra que tenían en la recepción de la Abadía. Me concedo un magnífico helado para apaciguar mi malestar. El nuevo sabor escogido, de pistacho salado, además del chocolate negro de siempre, me conquista. Mi hermana Patricia, a la que llamo Pata, se interesa por conocer las novedades de los últimos días y me anima a no ser tan dura con Cédric por el hecho de que aún no haya compartido nuestra relación con su familia. "Es pronto y el teléfono frío, quizá prefiere hacerlo en persona" me dice, a lo que asiento reflexiva y agradecida.

40

Estoy en la entrada del albergue del Hospicio del Puerto de Montaña Gran San Bernardo y, a pesar del frío y la lluvia, no me decido a entrar. No era esta la manera con la que había soñado llegar aquí, el paraje más sonado de la Vía Francígena, uno de sus iconos más preciados que atrae a más turistas que peregrinos. Desde el último y más empinado ascenso que me ha traído hasta aquí, he visto llegar dos autobuses completos de turistas y, al menos, he visto partir a otros dos. Tampoco me ha pasado inadvertido el hecho de que yo forme parte de la atracción, con mi ropa completamente mojada y el agua que escapa de mis pantalones cortos corriendo en hilera por mis piernas hasta los calcetines que, hace rato, chapotean dentro de las botas. Si no fuera por los pantalones cortos, es posible que no llamara la atención de nadie en un miércoles 7 de agosto a dos mil cuatrocientos setenta y siete metros de altura y a escasos grados centígrados sobre cero a causa de la niebla y la lluvia.

Lo peor de la tormenta ya ha pasado. Eran cerca de las once de la mañana cuando alcanzaba la cumbre de la montaña, después de caminar trece kilómetros con un desnivel de mil metros sin apenas visibilidad por la cortina de agua que nos acompañaba. El ritmo, más acelerado de lo habitual, venía pautado por los truenos, que me urgían a adelantar la zancada e, incluso, a alargarla. Tiene gracia. Como si ello fuera a amortiguar el sonido de la tormenta o a repeler de mi indumentaria el agua. Ringo y Till se habían adelantado, por lo que cuando vislumbro dos figuras más arriba, entre la niebla, pienso que son ellos y, con paso decidido y risueño, los alcanzo y saludo más enérgicamente de como, en realidad, me siento. La primera figura se vuelve y, atónita, me mira con unos ojos rasgados que no son germánicos. Alcanzo a otra chica joven a la que recuerdo de algún otro día y que se presenta como Annie. Me desvela que hoy es su cumpleaños y la felicito, no sólo por el hecho de cumplir un año más y verlo, sino por hacerlo en un momento y lugar como éste. Ya podría el tiempo haberla obsequiado con un día soleado, pienso, mientras abandonamos el bosque conforme ganamos altura, hasta salir a una senda más abierta con vistas al lago De Toules.

El agua arrecia cada vez con más fuerza y, de alguna manera, conforme más adverso se presenta el tiempo, más energías siento por dentro, hasta el punto de que empiezo a cantar "Cantando bajo la lluvia" simulando que llevo un sombrero sobre el que giro para angustia de Anthony, que me recrimina que me juegue así la vida. Yo le sonrío y continúo, consciente de que no hay peligro, al menos, no más que en una pista de esquí, o en una carrera de obstáculos, incluso en la calle en un día muy ventoso. Pero mi alegría no logra contagiar a un Anthony que, mojado bajo la lluvia, recuerda la muerte de un amigo suyo. En voz baja, lo oigo cantar "The Spirit Carries On" de Dream Theater, la canción que él mismo escogió para el día de su funeral. Desde entonces, Anthony ve la lluvia como un recordatorio de que está vivo, un motivo de agradecimiento y de alegría, aunque esta última emoción, un día como hoy, parece que se le resiste más.

Observo un refugio situado junto al lago, donde dos peregrinos esperan, fuera, a buen resguardo de la lluvia. Uno de ellos agita el brazo para atraer nuestra atención y dirijo mis pasos hacia allí, para descubrir, ahora sí, que se trata de Ringo y su hijo, Till. Ringo pregunta, divertido, si veo algo a través de mis gafas. La verdad es que no, pues por ellas corren continuamente riachuelos de agua, si no se empañan por el vaho de mi respiración, así que decido quitármelas. Afortunadamente, mi miopía no llega a dos dioptrías, pero es suficiente para que no pueda leer los carteles ni apreciar los detalles en la distancia, aunque la lluvia que lo cubre todo hoy ya consigue ese efecto por sí misma. "¿Quieres continuar o prefieres que hagamos autostop?" La inesperada pregunta de Ringo me desarma pero, enseguida, le respondo con cara contrariada que quiero caminar hasta el final. He llegado hasta aquí y ahora no voy a parar, así que continuamos los cuatro, aunque noto cómo Anthony aumenta la distancia, por detrás. Ringo y Till deciden acortar por carretera y nosotros continuar por el camino original por montaña, pues sería una pena perdernos su belleza, aunque la niebla nos impida apreciarla en su totalidad.

Cuando cruzamos la carretera para afrontar el último tramo del camino, Anthony se echa a un lado para descansar un rato. Yo me disculpo y continúo, pues noto el frío en mi interior, cada vez más helado, más intenso, tras horas de lluvia y, por ende, ropa mojada pegada a mi piel. Si me paro, me congelaré, así que sigo subiendo. Me doy cuenta de que no he bebido ni comido desde que hemos salido. Sin detenerme, con la complicación añadida de la capa de lluvia y el protector para acceder a la mochila, me las ingenio para sacar la cantimplora y unas tortitas de avena que había dejado preparadas en el bolsillo exterior de la cazadora.

Doy pequeños sorbos e intento no engullir las tortitas para ayudar a mi cuerpo a digerirlas bien, tarea que la empinada subida me facilita.

Camino sobre riachuelos, entre rocas, atravesando un paisaje que me recuerda, de alguna manera, a Candanchú. Desconozco si esos riachuelos permanecerán en días de sol o si, por el contrario, son el resultado de la intensa lluvia que comenzó ayer. Me sirvo de las manos para ascender a través de las resbaladizas rocas a causa del agua, tras las que veo una figura con sombrero y ritmo familiares. Saludo a Emmanuel que, concentrado en cada paso, apenas separa la mirada del suelo para saludarme. Se le ve cansado y con pocas ganas de hablar, por lo que no lo molesto más y continúo directa hacia el hospicio, que ya asoma en la cima. El camino serpentea hasta él evitando un nevero que, por lo que se ve, aguanta los embistes del sol incluso en el mes de agosto.

Ahora, desde lo alto del puerto, con el hospicio del Gran San Bernardo a mi espalda, me doy cuenta del esfuerzo realizado con la dificultad añadida de una climatología adversa. Me sitúo al final del camino y animo a Emmanuel a afrontar el último tramo de la que es la etapa más simbólica de la Vía, junto a Anthony y otra chica que ya asoman al fondo. "Si decides dejar el trabajo y no sabes a qué dedicarte, esto se te da de vicio. Podrías quedarte aquí y gritar como lo has hecho ahora, realmente motivante. Harías felices a los peregrinos" me dice un Anthony que ha recuperado la alegría. Cuando entramos en el albergue, los monjes nos acogen con un humeante cuenco de té que envuelvo entre mis manos para entrar en calor, junto a Ringo y Till, que han reservado una mesa del comedor para nosotros. Christ también se encuentra aquí, aunque su rodilla no le ha permitido llegar a pie y abandona, por ello, en este punto el camino. La mesa la completan Emmanuel, Anthony y otra americana que da clases en un colegio y que explora la Vía Francígena como una posible actividad extraescolar para los muchachos. Entre todos, con nuestras despensas portátiles, comemos hasta hartarnos, aunque lo que más me llena no es la comida sino el cariño, la ayuda, la armonía y la alegría que priman como platos principales en la mesa.

41

Las subidas y bajadas de ayer se me antojan un juego de niños ahora que asciendo en vertical, entre árboles, por un camino empedrado que conduce al pueblo medieval de Bibola. Al principio, sin apenas visibilidad por la densa niebla, hasta que la sobrepaso en altura y queda baja simulando una balsa blanca. Esta vista me acompaña en mi descenso a Vecchietto, antes de sumergirme en un bosque que me obliga a seguir una estrecha senda que zigzaguea hasta lo alto de la montaña, y que me hace recordar esas subidas al Tobazo en línea recta. Atravieso un pueblo diminuto cuyo nombre así lo remarca, Quattro Strade, cuatro calles en castellano, al que sigue un descenso por una carretera de tierra hasta Ponzano Superiore. Allí busco ansiosa el bar al que hace referencia la guía, pero un coche se detiene a mi lado y su conductor, un señor interesado en saber si estoy recorriendo la Vía Francígena como hizo él hace años, me informa de que está cerrado. "En Sarzana, a una hora de aquí, encontrarás de todo" me anima. "¿Vas sola?" pregunta, a lo que respondo con un movimiento afirmativo de cabeza. "Brava, eso muestra que tienes coraje" añade, tras lo cual me desea suerte y se despide.

La bajada es empinada y no me libro de algún que otro

rasguño en las piernas, pero los restos arqueológicos del siglo XI del Castillo de Brina lo merecen, así como la entrada a Sarzana a través de canales y maizales. Sin duda, los últimos tres kilómetros de etapa más bonitos que he recorrido hasta ahora. Sarzana me enamora nada más verla a las once de la mañana de un 18 de septiembre del 2019. Quizá por sus coloridas calles, decoradas por abundante vegetación, o por sus arcos de piedra, o sus innumerables terrazas en las Piazzas Giacomo Matteotti, Garibaldi y Calandrini, o por su ciudadela rodeada de verde, o su pequeña iglesia Santa Andrea, o su imponente Catedral de Santa María Asunta, que guarda en su interior una cruz de madera del siglo XII. O quizá por sus numerosas heladerías, como Biagi, la más antigua de la ciudad, aunque no tanto como ésta, ya que Sarzana data del siglo X.

Encuentro alojamiento en la Parroquia de Nuestra Señora del Carmen, que recoge en su puerta los números de contacto del párroco y otras dos personas más encargadas de la acogida a los peregrinos. Marisa llega poco después de hablar por teléfono con ella y me conduce, a través del patio del colegio junto a la iglesia, hasta una casita de una sola estancia con baño, ducha y un tendedero para secar la ropa fuera, en el porche. Escojo la única cama individual que no forma parte de una litera, como las demás, pues he sido la primera en llegar y durante el recorrido sólo he visto a una pareja de franceses y a Yvo, pero todos ellos se dirigían a otro albergue.

Encuentro a Kevin y Jarka en las proximidades del albergue y me alegro mucho de volver a ver esas sonrisas de oreja a oreja. Ella ha vuelto esta mañana de Florencia y han partido a mediodía de Aulla, donde la esperaba Kevin. Jarka me confiesa que le hubiera gustado atravesar el Paso de la Cisa caminando y que le pena que el Congreso coincidiera con la entrada en los Apeninos, pero la excursión de hoy le ha devuelto una buena dosis de montaña. Aunque corta, los tres coincidimos en la exigencia de la etapa de hoy, que bien requiere de una preparación previa si uno no quiere lamentar su mala condición física en la subida. Me despido de ellos para hacerlo de la ciudad con una pizza en Don Carlo, un restaurante que me ha recomendado el padre Gilberto, un párroco colombiano con quien tengo el gusto de hablar en mi lengua materna.

Despierto con el olor a café del desayuno de Kevin y Jarka, que han dejado todas sus cosas para recogerlas después en su intento por no molestarnos a mí ni a la pareja de italianos que también ha pasado aquí la noche. Los adoro ya sólo por ese gesto, que hace que me levante y empiece el día con una sonrisa. Los mensajes de Cédric que he recibido durante la noche tras la falta de cobertura ayer también contribuyen a agrandar hacia arriba la curvatura de mis labios. Ni siquiera el hecho de que me tuerza el tobillo en uno de los hoyos del patio del colegio consigue borrar mi sonrisa, aunque sí atrae a Jarka, que corre hacia mí para asegurarse de que estoy bien. Y así es, afortunadamente. "Protégete y cuida de ti misma" me insiste, a lo que asiento agradecida antes de despedirme con un abrazo. Se preocupan por mi bienestar y así se lo hago saber a Cédric cuando contesto a sus mensajes.

El camino hacia Massa nace en la ciudadela y asciende enseguida hacia otra fortaleza conocida como Castruccio Castracani. Kevin y Jarka me alcanzan poco antes de mi parada a desayunar en un bar que encuentro en el primer pueblo al que entramos, Caniparola. Después, continúo por carretera, donde veo a una mujer ataviada con una pequeña mochila y una gran cámara fotográfica, a la que adelanto sin decir nada al confundirla con una turista. Más tarde, Yvo me desvela que también es peregrina y suiza, como él. La monotonía del camino asfaltado sólo se ve interrumpida por el paso de unas cabras dirigidas por un perro y un pastor, con quien mantengo una breve conversación, y un hombre mayor en silla de ruedas que tuerce el gesto cuando descubre que camino sola.

El sol abrasador y la ausencia de sombra endurecen el recorrido en línea recta hasta Avenza, donde no tengo la suerte de encontrar a Kevin y Jarka en ningún bar, pero sí el camino que la App sugiere hasta Massa cortado en un punto. Me muevo en círculos por las contradictorias explicaciones de los vecinos, hasta que me decido a preguntar amablemente a los obreros, con la App en la mano, por un camino alternativo al cruce de vías en el que me encuentro. Los operarios me miran, al tiempo que hacen lo mismo con la señora que los increpaba antes de que yo llegara y, sin mediar palabra, abren la verja y nos dejan pasar. Saludo y agradezco el gesto a cada uno de los trabajadores que encuentro a mi paso, y pienso en cómo lo habrán hecho Kevin y Jarka para pasar, imaginándolos muy lejos de aquí y, a estas alturas, muy cerca de Massa. El resto del camino transcurre entre unas ganas terribles de ir al baño, que acaban con el permiso de una amable charcutera para usar su baño privado, la compra de un bocadillo, y un camino mal señalizado que suma cortes a mis piernas durante una inevitable pérdida en el bosque. Finalmente, alcanzo un camino asfaltado que, de forma serpenteante, rodea la ciudad de Massa por las alturas. Atisbo el mar Tirreno al fondo, así como viñedos hasta donde alcanza la vista. Apenas me queda agua en la cantimplora cuando un ángel vestido de un hombre de pelo cano con sombrero me invita a llenarla en la fuente de su finca, donde se está celebrando una reunión de amigos que no tardan en ofrecerme una copa de vino, a la que me resisto.

Mi móvil suena y es Kevin, quien me llama angustiado

para avisarme del corte en las vías del tren y darme una alternativa. Le confieso que los creía ya en Massa y me siento mal por ellos, que no han tenido la misma suerte que yo, sino más bien muchas dificultades para encontrar un camino alternativo a las vías. Alcanzo el corazón de Massa tras atravesar un puente sobre el río Frígido. Se me antoja hermoso, desde su arco de piedra, su Plaza de la Liberación y la Piazza Mercurio, donde está ubicado el albergue Palazzo Nizza, al que accedo tras visitar la catedral. Allí encuentro a Kevin y Jarka, contentos de haber culminado una etapa difícil a causa de los inconvenientes ocasionados por las obras. Con ellos tengo la suerte de compartir una cómoda habitación que recuerda a la de un hotel.

42

El albergue del Gran San Bernardo está completo, al igual que el hotel que conecta con éste a través de una pasarela. Emmanuel reservó dos plazas más para nosotros en el momento en que hizo su reserva y, gracias a ese gesto, el mismo monje que nos ha servido el té ahora nos ubica en una habitación de catorce camas. Ringo y Till se encuentran en la habitación de al lado y se ofrecen a compartirla al contar ésta con un total de cuatro camas, pero nos quedamos donde estamos por temor a que las otras dos ya tengan nombre y apellidos.

Como fuera sigue lloviendo, recorro los pasillos del hospicio admirando sus limpias paredes blancas y sus perfectamente conservados suelos y techos de madera. La planta baja tiene forma de cruz, conduciendo uno de sus extremos a la cocina y comedor y, el otro, a la iglesia. El pasillo perpendicular está rematado por dos salidas, una que conecta con el hotel y otra que da al lago Gran San Bernardo. También hay un amplio salón de juegos con sillones y sofás dispuestos alrededor de varias mesas. Anthony me reta a jugar a las damas, pero le confieso que no sé jugar, pues nunca me han atraído los juegos de mesa. En pocos minutos, varias de mis piezas de color marfil sufren bajas y, finalmente, Anthony gana. Pero este me concede una segunda oportunidad que no desaprovecho y, tras mi victoria, decide que ya es suficiente para una primera vez.

Salimos a comprar chocolate a una tienda ubicada junto al albergue y nos dejamos aconsejar por el encargado suizo a la hora de llevarnos tabletas de chocolate negro, con avellanas, caramelo, café y galletas de las marcas Cailler y Villars. Para cuando termino de comprar las mías, Anthony está hablando con un grupo de señoras americanas que, al acercarme, se presentan y solicitan inmortalizarnos con una fotografía. Cuando nos despedimos, una de ellas me dice "No temas el cambio" y miro a Anthony sin comprender. Ahora entiendo por qué no me han preguntado nada, pues es evidente que él las ha puesto al corriente sobre mi situación personal, algo que no me termina de gustar. "Su hijo se dedica a viajar por el mundo con sólo una mochila como compañera de viaje. Cuando dejó el trabajo y cambió su estilo de vida, sólo su madre lo apoyó y lo sigue haciendo desde la distancia. Ella es la que te ha animado a dar el salto" me explica Anthony. Nos acercamos a la desembocadura del camino que nos ha traído desde Bourg Saint-Pierre hasta aquí esta mañana y veo una figura envuelta en un chubasquero blanco de usar y tirar que asciende, cabizbaja, sin separar la vista de sus pies. Estoy casi segura de que es Annie y, sin comprobarlo, grito "¡Vamos, Annie, tú puedes!" Asombrada, levanta la cabeza y sonríe, mientras continuo "¡Ánimo, cumpleañera, que ya estás aquí!" Su alegría es evidente cuando nos alcanza y abraza. Tiene reserva en el hotel y, mientras la acompañamos, nos desvela que su intención es llegar a Roma ahora que ha dejado el trabajo y dispone de tiempo para hacerlo. Noto un codazo de Anthony cuando ella pronuncia las palabras mágicas "He dejado el trabajo porque no estaba a gusto, no era para mí", al que añade un guiño de ojo cuando lo miro recriminadora.

A las seis menos cuarto, estamos de vuelta en el albergue, donde una música inunda los pasillos como anuncio de la Misa que empieza en un cuarto de hora. Recuerdo que debo cambiar el papel de periódico con el que he dejado secando mis botas y encuentro a Christ en el cuarto-trastero disponible para semejante función y ubicado en el sótano del hospicio. Las botas siguen empapadas, sería un milagro que se secasen para mañana, incluso cambiando las bolas de papel de periódico de su interior, completamente mojadas, por unas nuevas. "¿Por qué no pruebas con esto?" Oigo decir a Christ, quien señala lo que parece un secador de pelo situado en el suelo con cuatro salidas de aire caliente. Observo cómo sus botas tienen introducidas dos de las salidas de aire y me invita a utilizar las otras dos para secar las mías.

A las seis, entro en la iglesia sintiéndome agradecida y, aunque me resulta imposible seguir la Misa en las lenguas que identifico como francés, alemán e italiano, me propongo dar gracias y pido luz en el camino cuando éste se me antoje oscuro. Observo a Ringo, arrodillado en un banco al otro lado del pasillo, y a Emmanuel unas filas más allá, que me sonríe al abandonar la cripta.

A la hora de la cena, cada una de las alargadas mesas del comedor recoge una pizarra con los nombres de las personas que deben sentarse en cada una de ellas. Anthony localiza su nombre en la del centro y ríe sin apartar la mirada de la pizarra. Cuando llego a ella descubro por qué, sin necesidad de rebuscar entre nombres, pues la primera línea dice "Anthony & C. F." Sin comentarios, pienso para mis adentros, al mismo tiempo que me muerdo la lengua para no caer en la tentación de seguirle el juego a Anthony. Me siento al final de la mesa, aún vacía, junto a la pared.

Anthony hace lo mismo frente a mí y junto a nosotros se sienta una pareja, Lionel y Patricia, con su hijo Ben. Viven en Vevey y la cena con ellos, especialmente, la conversación con Lionel, no puede ser más amena e interesante. Es naturópata y un amante de la ciencia, pero lo que más me sorprende es que no vende una bomba de humo, sino que se palpa su pasión por encontrarle una razón a todo. Ve el cuerpo como un todo y a cada persona como un ente diferente, por lo que se centra en una terapia individualizada, algo que se está perdiendo en la medicina tradicional, tan superespecializada y compartimentalizada que olvida, en muchas ocasiones, la visión general, completa e integradora tan necesaria para acertar con el tratamiento.

Como si los monjes se hubieran interesado por mis gustos de antemano, una bandeja de pollo al curry acompañada de arroz llega a la mesa después de haber terminado una sopa de verduras que, en un día frío como hoy, resulta recomponedora. Noto una caricia que asciende del pie a la rodilla, pero la expresión de Anthony es tan impenetrable que si no fuera por un cariñoso destello en sus ojos hubiera dudado de su procedencia. Lionel quiere iniciar un proyecto humanitario en la India y ha conocido aquí a alguien que puede ayudarle en esta empresa. Se trata de una mujer francesa que trabajó como un alto cargo de la sanidad francesa, hasta que lo dejó por la fuerte presión de la industria farmacéutica. Actualmente, colabora durante el curso escolar con una escuela y un hospital pediátrico en la India, mientras que en verano viene a Suiza a coordinar excursiones con perros San Bernardos como guías, alrededor del lago que ostenta su nombre. El postre de yogur con frutos rojos da paso a una despedida en la que Lionel nos entrega su tarjeta de contacto, que guardo como oro en paño.

Mientras subimos las escaleras que conducen al piso

de nuestra habitación, la canción "You can get it if you really want" de Jimmy Cliff suena a todo volumen. Me gusta el hecho de que a los monjes les apasione la música. Esta canción, además, es creativa, y su mensaje cargado de motivación inspira a la vez que invita a la lucha por las cosas que, de verdad, nos importan. "¿Cuántas señales más necesitas?" Oigo decir a Anthony a mi espalda. No muchas, pienso, pues tomé mi decisión durante la cena, solo que él no lo sabe, y todavía tengo que pensar los pasos que voy a dar en los próximos días antes de hacerlo oficial. La pasión de Lionel ha sido el detonante. Al hablar con él he recordado aquello a lo que aspiro, esa alegría contagiosa del amor por el trabajo bien hecho en armonía con el tiempo en familia. Voy a dejar el trabajo, no sin pesar por la buena relación con mis compañeros, sobre todo de CatSalut, pero la vida es una cuestión urgente y no necesito un plan b para liberarme de la asfixia que me oprime desde hace meses y que, lejos de mejorar, ha ido en aumento. Si no lo dejo, ahora, del todo, sé que siempre encontraré excusas para quedarme más tiempo haciendo algo que ya no encaja con la forma de vida que deseo para mí.

Decido controlar mi impulsividad, aquella emoción que me llevaría a contarlo de inmediato y, en su lugar, me alío con mi olvidada paciencia. Así es como, por primera vez en mucho tiempo, yo decido ser paciente en el mismo momento en que Anthony decide dejar de serlo.

43

Despierto con el recuerdo de las risas de la tarde anterior. Kevin y Jarka prepararon pasta a la arrabiata con aceitunas, beicon y un bote de tomate seco que aporté yo. Tras las tres copas de vino que me sirvió Kevin, con la excusa de acompañar a Jarka, he dormido como un tronco a pesar de sus ronquidos. Jarka contó detalles del congreso y de la estancia de su hija en Florencia y Pisa, lo que nos llevó a reír de las gigantes maletas de los seguidores del "por si acaso", entre los que se encuentran su hija, mi madre y hermana, sin olvidar a Cédric, claro está. Hablamos de su aventura para llegar a Massa después de que los trabajadores de las vías del tren les negaran el paso, para luego descubrir que Yvo había evitado el tramo cortado caminando por la playa. Esto me recuerda que debo contarle a Cédric lo de las obras y, para facilitarle el camino, le mando un pantallazo de la App con el mapa de Avenza en el que señalo el corte a nivel de la estación de tren y le dibujo una ruta alternativa que evita la llegada a las vías del tren por el puente. La foto se vuelve viral cuando llega a manos de Stefano, el marido de Samantha, con el que Cédric se reencontró en Aulla. Lástima que no la firmara.

Los tres salimos de Massa de noche, atravesando pueblos

con mucho movimiento al contar con comercios abiertos a las siete de la mañana. La carretera asciende luego en círculos rodeando una colina en cuya cima encontramos el Castillo Aguinolfi, que divisa la ciudad de Massa delimitada por el mar desde lo alto. A Kevin y Jarka no les pasa inadvertida una fruta de la pasión y, tras comprobar que está madura, insisten en que la abra con los dedos para degustar la pulpa de su interior. Además de dulce, la encuentro refrescante.

Unos bloques de mármol, en el exterior de una fábrica junto a la que pasamos, nos indican que nos aproximamos a la que es la capital internacional de su elaboración, Pietrasanta, cuna de la escultura por esta razón. Bajo el sol de media mañana, unos columpios florales que recogen mensajes recorren su calle principal de lado a lado simulando un colorido techo que, a finales de septiembre, hace pensar en la llegada de la Primavera de nuevo. Incluso los comercios han sacado asientos para decorar la Calle Garibaldi e invitar a la reunión de sus vecinos, que nos comentan que allí siempre están de fiesta. "Aquí siempre hay alegría" nos dice un grupo de señores frente al Oratorio de San Jacinto, cuyo interior alberga dos fuentes bautismales imponentes, como también lo es la fachada de mármol y escalera helicoidal de la Colegiata de San Martino, la catedral de la ciudad. En su exterior, descubrimos una torre que esconde una escalera de caracol con azulejos decorando cada uno de sus más de mil peldaños. La hora que invertimos en recorrer la ciudad no es suficiente para admirar la belleza de todos sus tesoros y, mientras retomamos el camino hacia Camaiore, pienso en mi deseo de volver, no como peregrina sino como turista experimentada.

Tras atravesar el centro histórico, encontramos el albergue de peregrinos un poco más allá de la abadía de Camaiore. Se trata de un lugar muy acogedor, con habitaciones en la planta superior y grandes baños con duchas individuales, cuyos termos nos aguardan con agua fría por ser los primeros en llegar. Una sala de estar conecta con una terraza cubierta que incluye varias mesas orientadas a los cipreses que decoran el jardín y la parte trasera de la abadía. Desde allí observo el atardecer al mismo tiempo que hablo con mi familia y Cédric, quien sigue caminando conmigo en la distancia. Kevin y Jarka se unen para una cena improvisada en la que no falta el vino de la mano de Kevin, quien está decidido a emborracharme de nuevo. Las idas y venidas de dos chicos jóvenes que ocupan la vetada cocina para sacar el contenido de las cinco neveras que sólo incluyen su cena, animan una noche en la que, muy a mi pesar, predominan los ronquidos del italiano al que, a última hora, han ubicado en la cama de al lado.

Hace días que no siento dolor en la planta del pie, sólo el cansancio de mis piernas doloridas por el esfuerzo de los últimos días, marcados por etapas largas con subidas y bajadas. Recibo una fotografía de Cédric con el mensaje "Buongiorno, mon amour, je t'aime" pintado en blanco sobre el asfalto de la carretera que reconozco como la que nos condujo ayer al castillo, aunque asegura haberlo escrito él mismo. Me río mientras asciendo hasta Montemagno a través de un camino de tierra tranquilo que da paso, de nuevo, a la temida carretera hasta Valpromaro. En plena subida hacia Piazzano alcanzo a Kevin y Jarka, que también han sentido miedo al caminar por esa carretera de arcén estrecho con el sol de frente, conscientes de la limitada visibilidad de los conductores. Tras una parada en un banco con vistas a campos de olivos, retomamos el camino hacia Puente de San Pedro y, desde aquí, hasta Lucca por un camino de tierra a orillas del río Serchio.

El centro histórico de Lucca está delimitado por una

fortaleza que se puede recorrer caminando. Su interior rebosa esplendor y el ir y venir de multitud de turistas que se sienten atraídos por éste. Sus habitantes rinden culto al crucifijo de madera oscura "Volto Santo" en la Catedral de San Martín. La devoción es tal que este santuario es la meta de muchos peregrinos italianos y extranjeros. La imponente iglesia de San Miguel bien puede confundirse con la catedral cuando una persona como yo no conoce la ciudad. Recuerdo que Samantha nos desveló que había noventa y nueve iglesias en Lucca, por lo que me contento con visitar las principales, además de comer helado y una buena porción de pizza en la famosa "La Felice".

Donatella, la hospitalera del albergue en el que Samantha trabaja como voluntaria, responde al teléfono inmediatamente y manda a su marido Stefano a acogernos. Las instalaciones, para mi sorpresa tras los comentarios de Samantha, no están muy limpias, pero su ubicación en el centro junto con una habitación de dos camas para mí sola, tras comentar la posibilidad de pasar aquí dos noches, logran equilibrar la balanza. Y es que estoy pensando en descansar aquí mañana domingo para visitar en mayor profundidad la ciudad y, por qué no, sorprender a Cédric con un encuentro fortuito.

44

Despierto en mitad de la noche con muchísimo calor, a pesar de que la colcha de mi cama está en el suelo. No quiero imaginar cómo estaría de tenerla encima, tal y como la dejé cuando me acosté. Me refresco la cara y la nuca en el baño y, cuando vuelvo, me parece ver sombras y escuchar voces. La colcha que había en el suelo, junto a mi cama, ha desaparecido. A la mañana siguiente, descubro al duende, Ben, el hijo de Lionel, con un cúmulo de colchas sobre su cama. Está encantado porque luce el sol y se van de excursión. Y yo me siento igual de bien, o mejor, con la ligereza propia de una pluma y la ilusión de una niña que cree que puede volar e, incluso, quién sabe, comerse el mundo de un solo bocado.

Anthony me propone dar un paseo para ver los alrededores bañados por el sol al que han dado paso las nubes y la lluvia que reinaban ayer. Encontramos a Ringo y Till junto a la cruz situada un poco más arriba del final del camino que recorrimos ayer y nos proponen ascender por la montaña para ver la panorámica del lago y las montañas circundantes. Miro mis pies y unas sandalias sobre unos calcetines de trekking me devuelven la mirada. Mis botas seguían mojadas y ya me serví de este truco en el Camino de Santiago con buen resultado, solo que a dos mil metros de altura por debajo. Asumo el riesgo y Anthony, calzado con unos zuecos prestados, también, con tan mala fortuna de clavarse a continuación un pequeño cristal que lo obliga a abandonar. Una parte de mí siente el deber de quedarse con él y otra, aún mayor, la necesidad imperiosa de subir entre las rocas para inspeccionar la zona a vista de pájaro. Anthony asegura estar bien así que, tras escuchar, aliviada, que no hace falta que me quede con él, sigo a Ringo y a Till, asegurando el agarre de mis sandalias de trekking a cada paso, pues hay barro, y las rocas y el musgo continúan mojados.

Una cruz marca el punto en el que un grupo de excursionistas perdieron la vida por una avalancha de nieve y cuyos nombres leo en una placa. Más arriba, un pilón de piedra marca el inicio de Italia y juego a poner un pie delante y otro detrás para estar en dos sitios a la vez. Recuerdo la última vez que lo hice, pocos días atrás, con un pie en Suiza, como ahora, y otro en Francia, lejos de aquí, con un Anthony entusiasmado por grabarlo. Pienso que le hubiera gustado disfrutar de este momento y hago una fotografía para compartirla con él luego. Los picos quedan cada vez más bajos y el hospicio hace rato que ha quedado fuera del alcance de nuestra vista. Cuando no logramos abrir un camino seguro por el que continuar, pues no hemos seguido senda alguna desde el inicio, emprendemos la bajada hasta el albergue, con los sentidos colmados de belleza, paz, alegría y amistad, entre otras sensaciones que me cuesta describir sin que, al hacerlo, pierdan parte de su esencia.

Busco a Anthony en un estado de levitación absoluta, pero lo encuentro con el gesto fruncido, abatido, como si yo hubiera absorbido toda la energía de la habitación. "Te he escrito algo" me dice, señalando el libro que han ubicado en el comedor para que los hospedados escriban sus comentarios. Intento hablar con él, pero se cierra en banda, así que cojo el libro y lo abro por la última página escrita. Se trata de un poema escrito en inglés referido al camino, al esfuerzo que realizamos como peregrinos, no sólo físico por el peso de nuestra mochila que aumenta a cada paso, sino que Anthony habla de las ataduras a las que cada uno de nosotros estamos sometidos por las vivencias pasadas y al inevitable temor de nuestra mente por la incertidumbre del camino que vendrá. Al final, me recuerda que el camino me proporcionará lo que necesito, pero que para ello debo escuchar y seguir adelante…

Pero él no escucha, ni ahora, cuando le agradezco esas líneas tan emotivas, ni más adelante, en Italia, cuando reemprendemos la marcha después de comer pizza nada más cruzar la frontera. Ya no. El día en el que todo parecía posible se ha hecho realidad, solo que mi idea de todo y posible tenían una connotación muy distinta. Quizá es por ello por lo que detesto las expectativas y prefiero no esperar nada. Porque cuando, con el lago atrás y un sendero que desciende entre montañas alpinas con ropajes verdes, marrones, blancos y grises, me giro y le digo que lo dejo todo y continúo, Anthony no reacciona. Su mente sigue en mi excursión matutina con Ringo y su hijo, que califica de imperdonable, pues ahora me culpa de no haberme quedado con él. De nuevo, tan cerca el uno del otro y tan lejos en pensamiento, solo que en esta ocasión no parece que haya camino de retorno. La ligereza que sentía hace unas horas desaparece para dar paso al dolor. Pienso en la decisión que he tomado y me siento orgullosa, pero me duele la falta de emoción que ha impactado en mi cara tras compartirlo con la persona que más me ha instado a tomarla en los últimos diez días. Ahora comprendo que yo había ganado la batalla que libraba conmigo misma, mientras que Anthony había dado por perdida la suya al verme ascender aquella montaña, como un anticipo de lo que llegaría uno de los próximos días: la despedida y, con ella, la pérdida. Vencido por el miedo, había renunciado a mí antes de perderme. Pero esto no lo comprendí en aquel momento, cegada como estaba por mi propio dolor. En aquel momento sólo me dejé llevar por mis pies, sin siquiera percibir las señales, prefiriendo la compañía de Ringo a la de Anthony, que intentó robarme un beso sin explicación alguna. Después llegó un apresurado adiós por su parte, al que me negué, pues yo no quería una despedida sino hablar de las cosas que no entendía. Las palabras que siguieron a gritos me dejaron claro que los diez días de camino juntos habían terminado. Por una razón que no comprendía, Anthony se negaba a seguir caminando a mi lado y mi mente trataba de atar cabos para encontrarle sentido a lo que había sucedido, con la frustración que sobreviene al fracaso.

Sumida en esta tormenta mental, alcanzo a Ringo y a su hijo. Al pastor no le pasaron inadvertidas mi expresión compungida y la ausencia de Anthony. Así pues, con la experiencia de quien pregunta y escucha a diario sin pedir nada a cambio, pregunta por él con delicadeza y cariño, y me deja hablar sin pedir más detalles de los que yo misma revelo. Cuando acabo, me coge del brazo y, lejos de opinar, me cuenta una historia personal que es una invitación a la esperanza. Me revela que, si bien su primer amor no fue posible al abandonarlo ella tras ceder a la presión de sus padres, sin él no hubiera conocido a la que ahora es su mujer y madre de sus hijos.

Hace rato que hemos dejado atrás Echevennoz y hemos decidido continuar hasta Gignod. Hace un día perfecto para caminar y, salvo alguna pequeña subida, el camino es todo cuesta abajo y está bien señalizado, lo que lo hace muy fácil de seguir. Las palabras de Ringo no han puesto fin a mi confusión, pero sí han calmado mi mente, calma que intento mantener acompasando mis pasos a mi respiración. Ringo intenta distraerme con más conversación hasta que oteamos Gignod desde un mirador y su hijo nos distrae con aspavientos, saltos y una carrera que recuerda al sprint final de quien saborea ya la meta. Después de ver a su padre cargado con dos mochilas, la suya y la de él, a causa del dolor de espalda de Till, me río por la evidente contradicción, pero no lo juzgo, pues la reconozco en mí en otros momentos.

Gignod está completo, pero Ringo se muestra optimista y, con gesto seguro, se dirige a la parroquia para pedir alojamiento. Allí encontramos a una chica que anuncia que el párroco no está, aunque sí afirma disponer de sitio para nosotros en la casa parroquial. Tras varias llamadas de teléfono, a las que se suman la aparición de otro chico, curioso, y el paso de largo de Anthony tras ver a Ringo en la puerta de la parroquia, descubrimos que el párroco no quiere alojarnos. Son las ocho y oscurecerá pronto, lo que dificultará que encontremos alojamiento en caso de caminar hasta Aosta. El chico se ofrece, por ello, a llevarnos hasta allí en su coche. En otros momentos me hubiera parecido un crimen contra la esencia del camino pero, en un día como hoy, en el que nada parece salir bien desde que subiera esta mañana aquella montaña, el ofrecimiento se me antoja una bendición.

Está oscureciendo cuando llegamos al centro de Aosta y pasamos junto al Arco Di Augusto en dirección a la casa parroquial que consta en la guía pero, al igual que nos pasó en Lausanne, está cerrada por vacaciones y nos vemos obligados a retroceder caminando hasta el centro. Allí, junto a la plaza Arco d'Augusto, encontramos un B & B pequeñito con una única habitación disponible. Las súplicas de Ringo consiguen que la adapten para los tres con una cama supletoria. En el registro de "La Meizòn de Sara" de aquella noche, jueves 8 de agosto, constamos Ringo y sus dos hijos, Till y Carlota, como ocupantes de la quinta habitación del hotel.

45

Son las cuatro de la mañana y, salvo por la lluvia que se oye fuera, impera el silencio, pero no consigo dormir. Recupero las voces de los coros que escuché ayer en la Plaza de San Miguel para atraer al sueño. Pero inevitablemente se hilan con la conversación que llegó después, de vuelta en la terraza del albergue, con Kevin, Jarka, e Yvo, quien sufrió un desengaño al descubrir que yo era española y no mejicana como había dado por sentado el día que nos conocimos. Esto se lo tengo que contar a Cédric, pienso. Estoy impaciente por verlo y, al mismo tiempo, nerviosa, pues desconozco la hora a la que llegará y de no estar aquí no podré sorprenderlo. Me propongo sondear su hora de llegada con mensajes sin mentiras ni enteras verdades, pero mi cometido no tiene éxito, o quizá sí, pues no intuye nada. Me encamino hacia la catedral para asistir a la primera Misa del día y, aunque el idioma no es el mío, la luz que se cuela por sus exquisitas vidrieras, unidas a los cánticos y sus coloridas pinturas, avivan este lluvioso día, lejos de presagiar la angustia que me deparan las próximas horas.

De vuelta en la habitación, sumida en la tranquilidad desconocida que caracteriza a un albergue a media mañana, antes de la llegada de los peregrinos más madrugadores y veloces, reparo en unas manchas en mi almohada. Anoche cuando me acosté no estaban y, al acercarme, descubro por qué. No son manchas, sino chinches lo suficientemente grandes como para fotografiarlas con detalle. Aviso a Kevin, quien me aconseja una ducha de agua hirviendo frotando con fuerza cuerpo y pelo, así como vaciar la mochila para sacudir con ímpetu tanto ésta como su contenido. Kevin me escribe poco después pues, tras hacer lo mismo con sus mochilas, han encontrado una chiche, por lo que los tres necesitamos lavar con urgencia toda nuestra ropa a máxima temperatura y exponer nuestras mochilas a un sol de justicia. Las chinches detestan el sol y la previsión de los próximos días parece estar de su parte al premiarlas con lluvia.

Para cuando salgo de la ducha, unas italianas han llegado y ocupado una de las habitaciones que reconozco como la de Kevin y Jarka. Les comunico que hay chinches, así como a Donatella, a quien enseño la almohada de mi cama con ejemplares plenamente saciados. Mi sorpresa es mayúscula cuando observo cómo, a pesar del problema, sigue acomodando a los peregrinos que llegan en habitaciones que los van a convertir en portadores de estos insectos, además de en su plato principal durante la noche y los próximos días. Indignada, recojo mis cosas y salgo de allí en busca de Cédric. No hago más que coger la primera calle a la izquierda hacia el centro de la ciudad cuando, para mi sorpresa, lo veo llegar de frente, distraído y algo cansado. No ha reparado en mí cuando lo observo quitarse el sombrero, momento que aprovecho para abordarlo y sorprenderlo con un abrazo. Él me mira incrédulo y, sin soltarme, asombrado y claramente emocionado, sin parar de sonreír, aprieta ligeramente mis hombros para comprobar que estoy allí antes de decir "¿Pero qué estás haciendo tú aquí? ¡Oh!, ¡pero qué alegría tan grande, qué feliz me haces!".

Conduzco a Cédric hasta la Tratoria De Leo, donde la camarera nos urge, primero, a pedir cuanto antes y, luego, a devorar los platos con el fin de poder marcharse cuanto antes, pero tenemos demasiadas cosas que contarnos como para lograr importunarnos. Stefano y Samantha intentan convencer a Cédric para que ocupemos otra de las habitaciones del albergue de su amiga Donatella pero, tras contarle la historia durante la comida, que incluye a Kevin y Jarka como víctimas de la misma aun estando en otra habitación, decidimos buscar otro sitio donde pasar la noche. La lluvia no amaina y nuestra visita a los monumentos más característicos de la que es considerada una de las ciudades más atractivas de la Toscana es, sin duda, apresurada.

Encontramos un apartamento con una habitación doble disponible junto a la Botiga del helado, donde esperamos a la propietaria tomando un delicioso helado de chocolate negro, pistacho y caramelo, salados ambos. La habitación es cálida y acogedora, así como la cocina y el baño. Después del susto de esta mañana es, sencillamente, perfecto.

Lucca brilla de noche mientras recorremos sus calles cogidos de la mano y renunciamos a una buena pizza de horno de leña en la pizzería La Felice por encontrarla cerrada. Las luces de un restaurante en una escondida calle llaman nuestra atención y, aunque la Osteria Via S. Giorgio está a rebosar y ocupamos la última mesa disponible, disfruto de una sopa caliente acompañada de unos ojos verdes que me sonríen mientras como sin que dejen de quitarme el ojo de encima, como si temieran que pudiera desvanecerme de un momento a otro.

Mi amiga Belén, quien lleva esperando una semana para ver por primera vez a su hijo, por fin ha dado a luz a Jaime. Me lo revela con una foto preciosa del pequeño, que se parece a su hermano Javier, quien cumplió dos años a finales del mes pasado. La balanza sigue sumando y la angustia por las chinches resulta, a cada momento, más ligera y llevadera, sobre todo cuando Cédric me desvela su deseo, no de quedarse un día en Lucca, como yo había previsto, sino de seguir caminando conmigo. "Estás aquí y esta vez no voy a dejarte marchar, no sin mí, aunque mañana tenga que caminar los cincuenta kilómetros que te has propuesto recorrer hasta San Miniato para compensar el día de descanso de hoy. Será agradable volver a ver a Kevin y Jarka" dice. Abro la boca y, antes de que pueda decir nada, añade "y la escritura, el dibujo y la fotografía no son incompatibles contigo y, aunque son una buena compañía a Roma, prefiero la tuya", con lo que me deja sin palabras. No puedo más que abrazarlo, asentir y besarlo con un sentido gracias en los labios.

46

Ringo me invitó a cenar, junto con su hijo, en un restaurante italiano no muy alejado del hotel. Después de la larga caminata de ayer, a pesar de que el cansancio se imponía a la sensación de hambre, el pastor hizo de padre y nos animó a comer de forma abundante. En mi caso, también me animó a beber y con gusto lo acompañé. Ahora, acostada en la cama, revivo los últimos acontecimientos y pienso en qué hacer ahora que he llegado a mi destino. Cuando planifiqué el viaje no esperaba llegar a Aosta en doce días, sino más bien en quince, por lo que podría seguir caminando. Sólo que, de hacerlo, correría el riesgo de reencontrarme con él y no me sentiría cómoda caminando a su alrededor, en la distancia, y no con él, después de tantos momentos compartidos. Si no voy a continuar con él hasta Roma, lo mejor es que vuelva a casa y, tan pronto como pueda, al hospital para comunicar la decisión que he tomado a mis jefas. Me he sentido tentada de hacerlo por e-mail, pero sería cobarde, he de hacerlo en persona. Tienen derecho a preguntar tras conocer mi decisión y yo de responder hasta donde pueda o quiera hacerlo.

Me tiembla la voz cuando comunico a Ringo que finalizo aquí mi camino y que vuelvo a casa con los míos. También me temblaba el pulso cuando, en mitad de la noche, compré mi billete de avión de Ginebra a Barcelona, junto con el del autobús que me llevaría de Aosta a Ginebra en poco más de tres horas. Ellos descansan hoy en Aosta antes de continuar hacia Chatillon. Till está decidido a aprovechar el wifi de la habitación, mientras que Ringo quiere acompañarme a la estación, "no sin antes dar un paseo por esta hermosa ciudad" me dice. La verdad es que tenemos tiempo, pues nos han servido un copioso desayuno a las ocho, con café de verdad, el primero que disfruto desde que empezara a caminar, y ahora no pasan de las nueve y media, por lo que cuento con una hora hasta la salida del autobús. Es viernes y la Via Sant Anselmo huele a fin de semana de agosto, abarrotada de gente, con el ruido característico que emana de los comercios abiertos y las terrazas colmadas de turistas. Aun con todo, el destino es caprichoso y, como por arte de magia, Anthony aparece ante nosotros y saluda, primero a Ringo, luego a mí. Cuando me abraza me quedo petrificada y es él quien me separa para decirme que le dolió mucho que no acudiera al camping de Gignod donde me había dicho que pasaría la noche, pues me buscó para hablar y hacer las paces con una cena que él mismo había preparado para mí. "Incluso conecté el móvil por si tratabas de localizarme y rechacé la oferta de un italiano que me ofreció su casa para pasar la noche, pues sabía que de quedarme con él no me encontrarías." Esta mañana, sentado en la terraza de una cafetería, confiaba en verme pasar caminando antes de abandonar Aosta. Lo miro confusa por sus palabras, que ahora chocan de lleno con su decidido adiós de ayer, y así se lo expreso, como el hecho de que me marcho. Su expresión cambia de pronto y me revelan a un Anthony furioso, sobre todo, cuando Ringo se aproxima para recordarme que debemos marcharnos si no quiero perder el autobús. Ese gesto basta para derribar la iniciativa de Anthony de despedirme en la estación y, sin mediar palabra, con evidente desagrado por la presencia de Ringo en la escena, da media vuelta y se aleja.

Hasta que Ringo no tira de mí no soy consciente de que sigo allí, parada entre la multitud, observando una mochila roja alejarse rápidamente, sin volver su dueño la vista atrás. "Has hecho bien." Las palabras de Ringo suenan lejanas y martillean mi mente, al preguntarme si acaso tenía elección. Y entonces me doy cuenta de que podría haberme quedado. "Él me buscó, vino a por mí" me oigo decir, pero Ringo me corrige en mi intento por destruirme "Pudo alcanzarte y no lo hizo, pudo no alejarte de él, pero escogió hacerlo. Es un nómada y, como tal, el compromiso no es para él. Has tomado la mejor decisión." Quiero creerlo, pero no puedo. Ojalá no nos hubiéramos topado con él, pienso, el encuentro lo hace aún más doloroso si cabe. Sin darme cuenta, hemos llegado a la Catedral de Aosta, cuyos frescos alegran mi alma un instante. Ringo me invita a entrar y, en una de las capillas a mano derecha de la iglesia de Santa María, me pide permiso para bendecir mi viaje. Con el cariño propio de un padre, a sabiendas de que soy católica y no protestante como él y, con la seguridad de que todos rezamos a un mismo Dios, mira al cielo al tiempo que pronuncia en voz alta unas palabras, para dibujar después una cruz sobre mi frente a la que besa, por último, con ternura.

Despido a Ringo antes de subir al autobús, quien me recuerda que tengo una casa que me espera cerca de Berlín. "Si no, nos veremos en Barcelona" me dice. Lo animo a marcharse a continuación, pues detesto las despedidas, así que agradezco no verlo los quince minutos siguientes que acumula de retraso el autobús. Tampoco veo ninguna mochila roja. Estoy sola frente al precipicio. Abajo me esperan mis mayores temores, como la pérdida, la reacción de mis padres, la de mis jefas y mi nuevo yo. ¿Seré lo suficientemente fuerte como para mantener, no uno, sino varios pulsos? Por lo pronto, pierdo el primero, al sucumbir a la tentación de ponerme en contacto con Anthony, al que prometí enviarle las fotos del viaje.

Al viaje en autobús, que incluye un exhaustivo control policial de pasajeros en la frontera con Suiza, se suma una larga espera en el aeropuerto, la hora y media de vuelo a Barcelona, la lanzadera que conecta la terminal 1 con la 2, el cercanías a la estación de Sants y, de ahí, el cercanías a Sant Vicent de Calders. Para cuando llego a Coma-Ruga, la estación más cercana a Roda de Bará playa, donde se encuentra la casa de mis padres, son las once de la noche. Ellos no saben que he vuelto, será una sorpresa, aunque me preocupa que estén durmiendo cuando llegue sin llaves, por lo que escribo a mamá para ver si le va bien hablar dentro de un rato. Así me aseguro de mantenerla despierta. Sin tiempo que perder, me dirijo a la playa con el frontal preparado para iluminar el camino por la arena hasta casa, a la que llego sobre las doce menos cuarto. Tengo suerte y la puerta de la urbanización se abre sin necesidad de llave, con el código de acceso que memoricé la última vez que lo cambiaron. Hace unos minutos que he llamado a mamá, pero no la veo en la terraza, por lo que la animo a salir y, cuando lo hace, le pido que mire abajo, donde estoy y, sin poder creer lo que ve, empieza a formularme un sinfín de preguntas que, lejos de responder por teléfono, respondo sentada en la terraza junto a ella y un helado en la mano.

El resto de la casa duerme, pero no puedo evitar acercarme a la habitación de mis padres para darle un beso a papá, quien abre los ojos cuando llego y, al verme, me mira incrédulo y pregunta "¿Carlota?, ¿eres tú? Pero... ¿cómo has llegado hasta aquí a estas horas?" Me recrimina por no haberlo llamado, pero la verdad es que no quería hacerle coger el coche tan tarde. "Mira que venir por la playa de noche, no tienes idea buena" me dice. Pero lo conozco y sé que esta noche dormirá mucho más tranquilo que las anteriores, ya que le gusta tenerme cerca. Yo, en cambio, no puedo dormir. Mamá me ha dejado un camisón para que no tuviera que molestar a mi hermana y a la pequeña Carlota al coger mis cosas, y me cuesta reconocer a la persona que me escruta al otro lado del espejo; también cuando me meto entre las sábanas, olvidado su tacto al quedar reemplazado por el del saco semanas atrás. Todo a mi alrededor se me antoja extraño, como también se me antojaron las últimas horas de mi viaje, como si ya nada a mi alrededor tuviera sentido.

47

El agua repiquetea con fuerza en el marco de la ventana, como en mi mente las últimas palabras de Cédric antes de que el sueño me venciera anoche. "Apareciste cuando me di por vencido. Hacía tiempo que te buscaba, mi ángel, tú eres la adecuada" dijo, después de que frenara su aire juguetón para garantizar el descanso de los dos. Todavía no ha amanecido en Lucca y, aunque teníamos pensado salir hacia San Miniato lo antes posible, decidimos desayunar primero para ganar algo de tiempo a la lluvia. Improviso dos cuencos de yogur de soja con rodajas de plátano, virutas de chocolate, y un puñado de avellanas cada uno. A Cédric le encanta y eso me alegra, pues es una opción mucho más sana que la que ofrecen las cafeterías donde solemos desayunar a diario y que acostumbran a servir cruasanes rellenos de todo tipo.

Abandonamos la ciudad de los noventa y nueve santuarios bajo una lluvia ligera que no molesta. El camino hasta Capannori transcurre entre zonas rurales, que dejamos para acortar por carretera, una línea recta conformada por la Vía Romana, primero, y la Vía del Centenario, después, hasta Portari. Aquí hacemos una pausa, tras la cual llueve de nuevo, por lo que no consigo desprenderme de la capa de lluvia a pesar de lo agobiante que resulta en algunos momentos.

Cédric no pierde ocasión de hacer bromas a costa de mi atuendo, que completan mis sandalias con calcetines de trekking. Un bosque nos conduce hasta Altopascio, donde Kevin y Jarka, como tantos otros peregrinos que se dejan guiar por la App, se alojaron anoche. Visitamos su joya, la iglesia de San Jacobo, cuya cálida fachada luce el color y los cipreses característicos de la Toscana. El ayuntamiento, situado junto a esta, nos facilita el sello para la credencial como garantía de nuestro paso por la ciudad.

Hablamos sin descanso, incluso cuando el camino nos obsequia con los estragos de la tormenta y nos vemos obligados a caminar por el fango como único superviviente a un riachuelo que devora, por el momento, el resto del sendero. Con cuidado, intento pisar sin resbalar en el fango, así como preservar mis calcetines del barro. Y lo consigo durante la primera media hora, hasta que mis sandalias embarradas me llevan a caminar por el riachuelo para limpiarlas. Cédric ríe ante lo que califica de locura, pero yo sólo pienso en la ligereza con la que avanzo ahora que el barro no me limita y el agua refresca mis pies, así como el porqué no se me había ocurrido antes.

Sonrío aliviada cuando el barro de mi calzado no supone un problema para comer en la Ostería número 1, el único bar que encontramos abierto en Ponte a Cappiano a las dos de la tarde. Allí nos apresuramos a comer unos deliciosos platos de pasta y carne guisada con patatas que nos proporcionan energía en nuestro recorrido hasta Fucecchio. La primera parte junto al Canal Maestro es asombrosa, sobre todo, porque la lluvia ha dado paso a un sol radiante y la hierba verde que nos rodea nada recuerda al paisaje otoñal de esta mañana, la primera del otoño. Una nube de moscas persigue mis rizos y pone a prueba mis nervios hasta que dejamos el río. Cédric quien, a diferencia de mí, no descansó ayer, aparta de sí el cansancio con la canción "Maná-Maná" de los Teleñecos. Su videoclip no sólo nos arranca unas risas, sino también un dúo en el que Cédric imita la voz de Bip Bip Adotta y yo la de sus graciosas amigas con forma de secador de pelo. Sólo la voz de Kevin al teléfono, que llama para avisar de que casi es la hora de cierre del albergue, me devuelve al presente. Ante el asombro de Cédric, tras asegurar a Kevin que en quince minutos estaríamos allí, apresuro el paso en la subida que nos queda hasta San Miniato Alto para descubrir las casas del pueblo dispuestas en hilera, mirando hacia nosotros desde lo alto.

El Ostello San Miniato está situado en la Piazza Mazzini y, aunque llegamos a tiempo de registrarnos, no así para una ducha de agua caliente, ni siquiera de agua fría. Un problema con una tubería ha dejado a la mitad del pueblo sin agua en los últimos minutos y no lo solucionarán hasta mañana. De nuevo, una buena noticia para las chinches que, en caso de quedar alguna entre mis cosas, se las han apañado para evitar el agua caliente hasta ahora; primero, en Lucca, por estar la lavandería cerrada en domingo, y ahora, aquí, por el corte del agua. Tras caminar cincuenta kilómetros, la ducha, además de un placer, se convierte en una obligación para ahuyentar el mal olor de la que, muy a mi pesar, tenemos que prescindir hoy.

Son Kevin y Jarka los que acuden a nuestro rescate dispuestos a premiar nuestra hazaña de cincuenta kilómetros con una grata sorpresa. Estaban preparando la cena antes de que se fuera el agua, por lo que han podido hervir pasta y aderezarla con beicon, pimientos, judías, salsa de tomate, y queso. La pareja nos sorprende con unos platos llenos hasta rebosar, que nos esperan en una mesa para cuatro en la que no faltan el vino ni la cerveza. Tampoco la amena conversación de nuestros amigos sobre su aventura de hoy con la lluvia, causante de un río que los obligó a resguardarse en un bar hasta horas más tarde en que, con menos agua y fango en el camino, pudieron continuarlo. Las chinches salen a colación y, con ellas, la historia de un albergue que ya estuvo cerrado en verano a causa de las mismas, aunque es evidente que las medidas adoptadas no sirvieron de gran cosa. Los cuatro buscamos la manera de desprendernos de ellas, pero la lavadora parece haberse convertido de pronto en un artículo de lujo y el sol radiante en un bien que escasea cuando más falta hace. Todos repetimos pasta y, de postre, compartimos unas galletas que compré en una pastelería de Lucca, junto con las almendras y chocolate negro que todavía conservo y por los que Jarka, como yo, siente debilidad.

Yvo y su compatriota asoman por la puerta junto con otra chica morena a la que Cédric saluda como Sofía y con la que habla animadamente. Detrás llegan una chica pelirroja y un chico muy alto que resultan ser de Alemania y Bélgica, respectivamente. Ella comenzó a caminar en Lucca dos días atrás, mientras que él lo hizo, como Cédric, en la puerta de su casa y no se limitó a seguir la ruta marcada, sino que recorrió toda la Vía Alpina y también la costa italiana antes de llegar aquí, a veces por peligrosos caminos, como túneles sólo pensados para ser atravesados por coches. Tras conocer el episodio con las chinches, Yvo bromea con no abrazarme más, como si él, que durmió en el mismo albergue aunque en otra habitación, estuviera exento de riesgo. Sofía es de Londres y la única de nosotros que sigue los mismos pasos de Sigerico desde Canterbury. Hoy es su cumpleaños y anima a Cédric a unirse a tomar algo en el hotel donde se hospeda, al que se dirige ahora junto a los demás. Los ojos de Jarka chispean cuando todos se marchan y cuenta, divertida, cómo antes sorprendió a las otras mujeres hablando de un belga y una mejicana, ahora española gracias a la rápida y certera intervención de Jarka.

La conversación con ellos es infinita y son las once de la noche cuando nos acostamos, malolientes y agotados, aunque no lo suficiente como para perdonar un beso de buenas noches.

48

Tengo a Carlota entre mis brazos. Ya ha cumplido dos meses y su cabecita sigue teniendo tanto pelo negro como el primer día. Su tacto y su sonrisa me proporcionan consuelo en este infierno en el que vivo desde hace unos días, los mismos que estuvieron precedidos por aquellos días de viaje en los que creí tocar el cielo. Anthony me culpa por haberlo abandonado y no haber vuelto a su lado, en un juego que alterna artillería pesada con poemas y canciones de amor. Tan pronto está conectado y demandante como desconectado y ausente.

En este torbellino de emociones fui a Barcelona, donde mi compañera de piso, Gemma, adivinó mis intenciones nada más verme. A primera hora del primer día laborable desde mi vuelta, estaba en el hospital para hablar con mi jefa, Rosa, quien salía a fumar en el momento en que yo llegaba a la farmacia. Su cara cambió de expresión nada más verme allí en mitad de mis vacaciones, y esa sorpresa teñida de preocupación se transformó en alerta cuando le expresé que quería hablar con ella. Hablamos, primero, de cómo estaban las cosas por la farmacia y, después, de mi viaje. Traté de captar en una fotografía los contrastes percibidos en los paisajes, las personas con las que coincidí, sin entrar en detalles, antes de centrarme en lo importante, en cómo el camino me había permitido conocerme mejor y darme cuanta de lo que quiero y lo que no; de lo que es importante para mí y de lo que lo es menos. Rosa comprendió enseguida que se había producido un cambio en mi interior sin posibilidad de retorno que suponía el final de nuestro trabajo juntas. "No lo esperaba y me da mucha pena perderte porque eres una gran profesional y una gran persona. Eres ordenada, metódica, buena escritora y oradora. Creaste una Comisión de gran valor que los médicos respetan y elogian, y que será difícil mantener sin ti, pero respeto tu decisión y te ofrezco mi apoyo y cariño; también en lo profesional, si decides cambiar de opinión y volver aquí, o si necesitaras ayuda para entrar en la industria." No podía soñar con una mejor despedida, la misma que me ofrecieron mis compañeros y miembros de la Comisión, incluso el Director Médico del hospital. Mi otra jefa en CatSalut, de vacaciones, escuchó mi decisión personal por teléfono y, al igual que Rosa, la entendió y me ofreció su ayuda para lo que pudiera necesitar. Ese mismo día, lunes 12 de agosto, firmé mi renuncia al puesto que ejercía en el hospital, un lugar al que ya no tenía la obligación de volver, salvo de visita.

"Carlota, creo que está saliendo líquido de la lata" oigo a Carol decir a mi espalda. Estoy en la terraza haciendo los ejercicios que me recomendó el traumatólogo de la Creu Blanca, en Barcelona, para mejorar la fascitis plantar con la que regresé del camino. El que más me alivia consiste en hacer rodar por el suelo una lata fría presionando la planta del pie afectado, en mi caso, el izquierdo, contra la superficie. En ello estaba hasta que Carol me ha alertado de que la lata había reventado. Ni siquiera me había percatado del líquido que estaba saliendo tan absorta como estaba en mis pensamientos. Carol y Jorge llegaron hace unos días de Alicante, de la casa de los padres de ella, después de haber estado de crucero por las islas griegas. La dulzura y empatía de Carol captaron al vuelo mi aflicción y estuvieron pendientes en todo momento de mi cambiante estado de ánimo para darme consuelo en caso de necesitarlo. Ansiaba conocer los detalles de mi viaje, que califica de proeza y a mí de valiente por emprenderlo sola y, más aún, por querer volver ahora. Y es que estoy decidida a volver a Aosta para continuar caminando hasta Roma ahora que ya no hay nada que se interponga, salvo algunos detalles que me obligan a posponerlo, como la lesión de mi pie, la boda de Letizia y Ekaitz en San Sebastián el 24 de agosto y una visita médica en Barcelona cinco días más tarde. Así pues, el 30 de agosto es el primer día en que podría volar.

Entre tanto, la tía me ha propuesto ir al pueblo de la yaya unos días. Sabe que allí, rodeada de meseta, soy capaz de desconectar y cree, de forma acertada, que es lo que necesito ahora. Toda mi familia ha entendido mi decisión de dejar el trabajo y me apoyan; mis padres los primeros, pues intuían que pasaría antes o después, y me animan a descansar y a hacer algo que me guste. Papá sigue insistiendo en que no hay nada mejor que tener que rendir cuentas únicamente a mí misma y me alienta a emprender un proyecto propio, como hizo él en su día. Como si la mano que intenta tirar de mí desde un punto del Valle de Aosta, en Italia, fuera a dejar de hacerlo por cambiar de ubicación, abandono la costa para dirigirme al interior, concretamente, a un pueblo cercano a Soria con no más de sesenta y cinco habitantes. La mayoría de ellos pasan el crudo invierno en Soria, pues Torrubia de Soria no cuenta con panadería, supermercado, ni centro médico o farmacia, nada que no sean campos, naves, una arboleda y un pequeño cementerio a las afueras del pueblo, más allá de la iglesia. Su mayor tesoro es El Retablo de San Miguel Arcángel ubicado en este santuario del siglo XVI. Luego está la casa de Casta, del siglo XIX, que vio nacer y crecer a la mujer de Gustavo Adolfo Bécquer y que acoge hoy un museo. Dicen que el mejor perfume viene en frasco pequeño y cierto es que, aunque pequeño, este pueblo es enormemente bello. Para mí, Torrubia son las rosquillas de anís que solía preparar mi abuela, pichones que dormían arriba y ponían huevos que mi abuelo recogía, costillas y longaniza cocinadas a la brasa en la chimenea de la cocina con un fuelle que me estaba permitido usar para avivar las llamas, largas conversaciones con los vecinos, Pascual y Concha, excursiones al huerto con mi abuelo, a la sierra, a Portillo con algún que otro corzo, ciruelas, tomates, calabacines, y almendras recién cogidas del árbol, ovejas que atravesaban las calles y sus compañeras las pulgas, que sentían especial aprecio por mi padre, un cielo estrellado que invitaba a no perderlo de vista y, sobre todo, una paz infinita, nacida del silencio de las horas muertas y de una llanura muy bella. Cuatro días en la casa del pueblo de mis abuelos son suficientes para que su recuerdo compita en atención con el dolor que anida en mi corazón desde hace dos semanas. Mientras camino hacia Sauquillo y relato a la tía cómo fue el camino y los acontecimientos de los últimos días, me doy cuenta del sinsentido de algunas de las afirmaciones que estoy expresando en voz alta y que ella también me recalca.

La boda en San Sebastián es otra grata distracción, pero también un recordatorio de lo sola que estoy. Salvo Xandra, el resto de compañeras de la facultad están casadas o a punto de hacerlo. Aun así, no me falta conversación ni compañía ahora que el dicho "más vale sola que mal acompañada" cobra más sentido que nunca. Como, río y bailo como si no hubiera mañana, pues no necesito a nadie más para disfrutar del hoy, del mañana que sólo depende de mí decidir y, en definitiva, de la vida.

Antes de volver a Barcelona, paso por la playa para despedirme de mis padres. Si bien no tengo billete de avión todavía, mi idea es viajar a Aosta el viernes 30 de agosto. Mi padre intenta retenerme con la lesión de mi pie como excusa, ahora con una tendinitis peroneal sumada a la fascitis plantar que ya tenía, probablemente secundaria a ésta. Mi madre no opone resistencia esta vez, no después de cómo me ha visto sufrir estas últimas semanas. "Quiero que seas feliz" me confiesa. Yo, que detesto las despedidas, intento rebajar la emoción contenida expresando, con sorna, el pensamiento que se ha colado en mi mente. "Es el tercer camino que emprendo sola, pero tanto en el primero como en el segundo conocí a Sergio y a Anthony el primer día de camino, por lo que apenas caminé sola. ¿No dicen que a la tercera va la vencida? Si es así no debería toparme con nadie esta vez. Ojalá." Pero el destino tenía otros planes para mí que, si bien no se ajustaban a esa realidad que había imaginado en mi mente, sí lo hacían al dedillo al famoso dicho.

49

San Miniato amanece cubierto por una densa niebla que, según el prisma desde el que se mire, esconde o magnifica su encanto. El agua no ha vuelto, lo que echa por tierra nuestra idea de quedarnos aquí para hacer la colada y decir adiós de una vez por todas a los fantasmas con dos antenas y seis patas que nos atemorizan desde Lucca. Visitamos la catedral, de la que admiramos primero su fachada, al recoger un cielo estrellado, y en cuyo interior una guitarra acompaña un cántico alegre del "Aleluya" con que da comienzo una misa. Me acerco a María para ofrecerle una vela en memoria de la yaya, quien hoy cumpliría ochenta y ocho años, mientras me atormenta, de nuevo, el amargo recuerdo de unas ininteligibles palabras pronunciadas poco antes de sumirse en un sueño del que jamás despertaría. Quizá fue eso lo que me animó a dedicarle estas palabras el día de su entierro.

"Mi abuela no podría haber soñado con mejor despedida que la que le brindamos hoy aquí. Adoraba la compañía y el amor de su familia y amigos. Dicen que el amor es lo único que nos llevamos cuando dejamos este mundo, por lo que tú, yaya, has debido de marcharte muy cargada. Seguramente, lo harías con conocimiento de causa, a sabiendas de que compartirías esa carga con mi abuelo al reunirte con él en el Cielo. ¡Qué ansiado momento! Cuánto lo has añorado estos veinte años, pero ¿a que ha merecido la pena la espera? "Mucho, vida, mía" dirías. Y es que ha sido una espera activa, una espera que iba sumando a esa maleta de viaje momentos vividos y que ahora seguro que estás comentando con el yayo, entre sonrisas y lágrimas de alegría, sin olvidar tus panecillos de pipas. Porque has vivido treinta y un mil setecientos ochenta días y, por tanto, has tenido, como mínimo, treinta y un mil setecientos ochenta sueños, y mucho tiempo para compartirlos; primero, con tus padres, diez hermanos, primos y amigos y, más adelante, con tu marido y dos hijas, sobrinos y, suma y sigue, cuatro nietos y una bisnieta en camino. Se puede decir que, si bien tuviste una infancia dura, tus sueños de niña se hicieron realidad. Te has marchado con paso tranquilo y seguro por la puerta grande, no con maleta de viaje, sino con un tren de mercancías símbolo de la vida plena que has tenido. Como ves, somos muchos los que te vamos a echar de menos pero, ¿a que estás contenta, yaya? "Muuuuuucho, vida mía, estoy muuuuy feliz" dirías. Demos gracias a Dios por ello."

Una lágrima se desliza, revoltosa, hacia mis labios, que enseguida captan su sabor salado. Cédric enciende otra vela y me rodea con sus brazos antes de recordarme, al oído, que ella sigue viva en mí.

Para cuando emprendemos el camino entre viñedos y cipreses, el sol calienta y cuesta dar con una sombra bajo la que parar y reponer fuerzas. Cédric está cansado tras caminar incómodo con su pesada mochila, por lo que lo animo a tumbarse apoyando su cabeza sobre ésta a modo de almohada. Yo me recuesto sobre su pecho y observo las nubes de algodón flotar sobre nuestras cabezas al son de la orquesta de la que el vientre de Cédric es director hasta que nuestras risas lo relevan. Descansados, retomamos el sendero entre campos dorados y cipreses que delimitan su extensión, encontrando, de vez en cuando, casas abandonadas. Una de fachada naranja, ventanas de madera y marcos color teja resalta entre todas ellas por su belleza, que aun a día de hoy sobrevive a la falta de cuidados, fruto del abandono.

El motor ahogado de una mini furgoneta de tres ruedas nos acompaña en nuestro ascenso por carretera hasta el Ostello Sigerico, situado en las afueras de Gambassi Terme. Empujo de Cédric para restarle esfuerzo en la subida hasta que me lo impide, momento en que echo mano de la canción Maná Maná para distraerlo del cansancio. Un cartel señala el albergue a mano izquierda, tras la Iglesia de Santa María Chiani. Nos recibe Paolo, un hospitalario que no pierde la sonrisa ni la profesionalidad aun ocupándose él solo de treinta y seis peregrinos. Y no de cualquier manera, pues no permite entrar al edificio sin antes rociar las mochilas con vapor de agua para mantener las chinches procedentes de Lucca alejadas de las camas. "Estáis de suerte" nos dice, tras ocupar las últimas dos plazas y, lo que es más asombroso, en una habitación privada que una pareja de italianas nos cede para dormir en la misma habitación que el resto de su grupo de amigas. El día lo completa una abundante y deliciosa cena en el comedor del albergue, en compañía de Kevin, Jarka y dos mujeres americanas que abandonan el salón, al igual que los demás, poco después de terminar de cenar, quedando sólo nosotros cuatro conversando hasta que, sutilmente, nos invitan a recogernos en nuestras habitaciones mientras hacen lo mismo con la mesa. Una vez en esta, a salvo de los ronquidos, no tardamos en ceder al cansancio y caer rendidos a un sueño profundo.

Tras dos intentos de colada fallidos, el miércoles 25 de septiembre llega cargado de sol, así como de una escondida lavandería en San Gimignano que nos trae, finalmente, sosiego frente al picor, quizá psicológico, arrastrado desde Lucca por las chinches. El camino hasta aquí ha sido corto, a pesar de haber afrontado una evitable subida hasta unos viñedos en los que sorprendimos a unos trabajadores cambiándose de ropa. El Santuario di Pàncole nos ha mostrado una imagen de la Virgen hasta ahora nunca vista por ninguno de los dos, un fresco del siglo XV en el que aparece amamantando al Niño Jesús. Un Belén con figuras de tamaño real se disponían representando las figuras en movimiento de pastores y Reyes en los jardines de fuera hasta las estáticas de María, José y el Niño Jesús en la cripta. Dentro de la iglesia, unas fotografías relatan la historia de cómo la Virgen se apareció a un pastor mudo en 1668, quien acto seguido recuperó el habla.

Ahora, las catorce torres que quedan en San Gimignano se intuyen en la lejanía, poco después de visitar el Monasterio de Bose, cuya iglesia de piedra, Pieve di Cellole del siglo X es simple pero singular. Son muchísimos los autobuses que llegan, cargados de turistas, para visitar esta pequeña ciudad de la Toscana. San Gimignano nos recibe con un helado y, entre lavado y secado, aprovechamos para tomar otro captado por la cámara de un querido y conocido paparazzi, Kevin, que nos observa, divertido, desde las escaleras de la catedral. A pesar de que los dos llevamos pantalones cortos, sólo yo debo cubrir mis piernas con una falda azul cielo de usar y tirar que, anudada a la espalda, me hace parecer un esperpento que Cédric no pierde ocasión de alabar y fotografiar en nuestro recorrido por la iglesia. Su interior es de una belleza arrolladora, con frescos representando, en la pared de un lado, las escenas del Antiguo Testamento y, al otro, las del Nuevo Testamento. Me detengo ante la Capilla de Santa Fina, por la que este pueblo siente especial devoción ante los milagros acontecidos tras su muerte a causa de una enfermedad que la tuvo postrada en una mesa de madera desde los diez años de edad. Santa Fina es ahora patrona de las personas con discapacidad y San Gimignano la conmemora como patrona el 12 de marzo.

Nos despedimos del bullicio de una ciudad excesivamente masificada por el turismo para mi gusto bordeando la muralla en busca de una escultura de Amish Kala resaltada en el mapa por Cédric. Se trata de un huevo gigante integrado en una roca cuya construcción roza lo imposible, invitando a soñar. Mientras caminamos por el exterior de las murallas, observamos una salamandra que toma los últimos rayos de sol oteando el paisaje característico de la Toscana. De ahí alcanzamos la carretera que se dirige al Camping Il Boschetto di Piemma, situado a las afueras de San Gimignano, en la localidad de Santa Lucía. Allí encontramos refugio en una habitación triple para dos, así como un restaurante con Kevin y Jarka como comensales, junto con vino y unas sabrosas pizzas que disfrutamos poco a poco, saboreando cada uno de sus ingredientes tanto como algunas de las vivencias que Jarka nos relata de sus clases como profesora en la universidad. "La primera clase es determinante para ganarse el respeto de los alumnos" nos dice, mientras la imagino caminando por clase, segura de sí misma, con su amplia sonrisa, explicando con pasión los fundamentos de la Ingeniería Química sin temor a recriminar a uno o varios alumnos en caso de ser necesario para educarlos a ser buenos profesionales y no profesionales sin más. Un hormigueo asciende por mi pierna derecha, acariciando primero mi tobillo y luego el gemelo hasta llegar a la rodilla, donde se detiene un instante. Los ojos de Cédric, sentado frente a mí, relampaguean al sentirse descubiertos en un juego que, lejos de detener, continúa con el descenso, amparado por una mesa que, arriba, escucha atenta y, abajo, observa sin perder detalle.

Son las once y media de la noche cuando nos acostamos deseando que fuera más temprano. Ojalá el tiempo no pasase tan rápido. Ojalá, ahora que impera la calma, esa sensación de armonía alegre, las agujas del reloj se detuviesen para amarrarla. Así perduraría siempre.

50

A treinta y un kilómetros de donde estamos se encuentra Monteriggioni, otra parada obligatoria en Toscana. A ella nos dirigimos desde Santa Lucía, con las torres de San Gimignano protegiendo nuestras espaldas y los cipreses salpicando claros verdes de frente. Las uvas caídas en el suelo delatan a otros peregrinos que, como nosotros, no son capaces de resistir la tentación de saborear el dulzor de este manjar en su recorrido a Roma. Avanzamos despacio al dar con una imagen para fotografiar en cada esquina, con un Cédric algo callado por la falta de cafeína. Las canciones de U2 "It's a beautiful day" y "Miss Sarajevo" ambientan esas primeras horas del día en las que un cielo teñido de negro pasa a incendiarse con la salida del sol para luego suavizarse hasta un azul que cobra intensidad con el paso del tiempo. Tras atravesar Camaggiori y Castellino, Pavarotti entra en escena justo al alcanzar el hermoso Cementerio de la Misericordia, poco antes de llegar a La Grazie. Al llegar a un cruce, optamos por seguir una variante alternativa hacia Colle Val d'Elsa, un escarpado camino marcado por las huellas de caballos que lo transitaron antes que nosotros y el sonido de los disparos de cazadores con los que más tarde nos cruzamos. Su fría mirada y tez apagada contrastan con la viva ciudad medieval a la que llegamos y donde, finalmente, paramos a desayunar. Me sorprende su belleza, derivada quizá del conjunto de casas de piedra adornadas con flores, así como distintas alturas que ofrecen maravillosas vistas del valle magnificadas, si cabe, por el castillo Piticciano, un puente de piedra y la iglesia de Santa Caterina. Un grupo de colegiales de excursión sigue nuestros pasos hasta la salida de la ciudad, antes de retomar la carretera hasta Scarna, punto en que se unifican de nuevo el camino original y la variante que tomamos.

Los efectos de un café doble surten efecto en Cédric que, enseguida, cumple con la promesa hecha días atrás de bailar después de desayunar. También sus cuerdas vocales despiertan entonando una canción que para él tiene un significado especial. "I found a reason", de Velvet Underground, es el tema que ha escogido ya para el día de su funeral, algo que decidió mientras trabajó para la compañía aseguradora de una funeraria. El sonido de los coches me hace desear escucharla de nuevo en un lugar tranquilo con el fin de saborear el poder y la fuerza de su letra en su totalidad, al igual que la bella melodía que la acompaña. Kevin y Jarka nos sorprenden chocando los cinco una vez superada la variante que nos ha permitido conocer el Valle de Elsa. Ellos han seguido la ruta original, lo que nos permite compartir los detalles de ambos caminos y concluir que su longitud es similar. Los dejamos en Strove con un café entre las manos y quedamos en vernos de nuevo en el albergue situado en Abbadia a Isola, desde donde libres de mochilas nos dirigimos a descubrir Monteriggioni más descargados. La visita es rápida, desde Porta Romea hasta la Piazza Roma, en torno a la que se ubican la iglesia de Santa María Asunta, un diminuto parque y las pocas casas que conforman esta pequeña ciudad fortificada. Escogemos la verde terraza del Restaurante Di Remo para saborear una pasta artesana y una tabla de quesos con vino tinto que suben la cuenta, pero que merecen la pena. Con un helado entre las manos, disfrutamos del silencio e intimidad que ofrecen los muros de Monteriggioni, a diferencia de los de San Gimignano. Tanto es así que, con las manos libres que siguen al finalizado helado, convenzo a Cédric para bailar en un pequeño parque al son de una pieza de música clásica que él mismo tararea mientras me guía, para grata sorpresa mía, pues no lo hace nada mal. Recuerdo en voz alta la acertada pregunta de la heladera, curiosa por conocer el lugar de residencia de los dos al descubrir la alejada procedencia de ambos, a lo que él no duda en responderme que su casa, al mismo tiempo que me hace repetir en neerlandés perfecto el nombre del barrio en el que vive, Hoboken. "Así, cuando vengas, nadie podrá decir que no eres de aquí" me dice, orgulloso, cuando mi pronunciación es, por fin, la adecuada. "Eres increíble: inteligente, graciosa y buena, además de preciosa. No cambies nunca" me dice con sus ojos verdes fijos en mí.

La velada en Abbadia a Isola no hace más que añadir buenos momentos a un día que ya venía cargado de ellos. Francesco nos recibe con los brazos abiertos y sólo pide nuestra voluntad cuando conoce los kilómetros que hemos recorrido para llegar hasta aquí. Compartimos habitación con nuestra pareja escocesa favorita y cenamos en el comedor, con Francesco como cocinero anfitrión, en compañía de Yvo y su compañera suiza, además de Janine, Sofia, Kevin y Jarka. Hablamos animadamente de nuestros recorridos, algunos más largos que otros, pero todos igual de valiosos, mientras degustamos los platos sicilianos típicos de la tierra de la que procede Francesco, quien se declara guía espiritual. Me permite ver la iglesia de la abadía antes de cerrarla, de noche, en la víspera de la quinta edición del "Slow Travel Fest", que reúne a peregrinos de la Vía Francígena mediante conciertos y otras actividades que buscan compartir experiencias en plena naturaleza.

Ringo hace de guía en la distancia a la mañana siguiente, cuando me recomienda prestar especial atención al llegar a Villa, un pueblo situado poco después de Monteriggioni. La niebla nos acompaña desde que salimos de la abadía y el rocío adorna la vegetación a nuestro alrededor, delatando una gran telaraña tras la cual aún se observan los muros de la ciudad. Un camino de tierra nos conduce hasta un castillo que, sumido en la niebla, recuerda a un lugar encantado, donde un panel informativo anuncia "Castillo de Chiocciola, siglo XIV". Una corredora nos pasa y, poco después, Villa aparece ante nosotros y nos sorprende con un oasis, aunque algo escondido, en el jardín de un nuevo Francesco. Éste nos ofrece asiento en unas mesas alargadas en las que hay preparadas galletas, frutos secos, mantequilla, miel y mermeladas caseras, a las que el anfitrión suma unas rebanadas de pan recién hecho junto con unos Capuchinos servidos en una taza grande como a mí me gustan. Esta inesperada sorpresa que no habría adivinado, aun a pesar de las palabras de Ringo, acaba retratada con una fotografía hecha por la mujer de Francesco. He de confesar que la perspectiva es bastante mejorable, pues vistos desde abajo los tres parecemos más bajos y anchos de lo que somos en realidad.

Desde Villa hacia Siena existen hasta tres rutas disponibles. Nosotros nos quedamos con la de Cassio, ni la más corta ni la más larga, que Francesco nos recomienda por su atractivo, al tratarse de un camino de tierra entre campos de olivos. Después, el camino se unifica con los otros dos y transcurre hasta Siena entre acebos y robles, un paisaje boscoso poco habitual en la entrada a una gran ciudad, donde suelen imperar los polígonos industriales. He soñado con conocer Siena desde el inicio de mi viaje y, conforme me acerco a ella, juego a soñar con Cédric sobre futuros caminos, viajes, visitas a exposiciones de distintos museos, en distintos lugares. Soñamos con recorrer el País Vasco y probar cada uno de sus inimitables pinchos, con el Camino del Norte y su paso por tierra de sidra y sobaos, con descubrir el Camino Primitivo, el primero conocido, y el de El Salvador, que atraviesa los Picos de Europa. Pero soñamos despiertos, mientras escuchamos una canción que llega de la mano de Ringo, quien afirma estar escrita para mí. Se trata de "Save some time to dream" de John Mellencamp, una canción que nos invita a seguir soñando pues, según John, según Ringo, nuestros sueños podrían salvarnos a todos. Y así lo hacemos, soñamos con llegar a Siena y quedarnos en ella, al menos, un día; al menos, dos sueños.

51

Las hermanas del Centro Accoglienza Santa Luisa nos reciben con los brazos abiertos tras visitar la Basílica de Santa María dei Servi, situada a unos metros de allí, cuya entrada elevada nos obsequia con una magnífica vista de esta hermosa ciudad. Tras dejar nuestras mochilas en la misma habitación en la que están instalados Kevin y Jarka, salimos a conocer la ciudad con la calma que da el sabernos en ella un día más. Siena se me antoja joven. En sus calles se respira un ambiente festivo que me traslada por un momento al sur de España.

Su plaza del Campo con forma de concha está dividida en nueve secciones para que sus habitantes no olviden a los gobernantes que mandaron construirla en su esplendor medieval. Su explanada inclinada simula una grada que mira hacia el Palazzo Pubblico, su Torre del Mangia y varios palazzi signorelli, y que invita a sentarse ya sólo por el placer de admirar su belleza, pero también para hablar, como hacen numerosos grupos de jóvenes, o escribir, dibujar, escuchar música...esta plaza invita a hacer vida en ella. Nosotros no dudamos en buscar la heladería Grom en una de las once estrechas calles que nacen de la plaza para volver a disfrutarlo sentados en ella. Mientras, observamos cómo los últimos rayos de sol se cuelan entre unas nubes grises tiñendo de color anaranjado una imponente torre que difícilmente logra hacer sombra a los magníficos palacios que rodean la plaza. Me fijo en el reloj que luce la parte baja de la torre y me pregunto si las agujas se verían de haberlo colocado en lo alto, a sus casi noventa metros de altura. No me extraña que pueda verse desde cualquier punto de la ciudad, pues para no restar al Estado poder frente a la Iglesia la mandaron construir con la misma altura que la de la Catedral. Esta última me provoca, en términos de arte, un empacho mayor que la pizza que he comido a mediodía; tal es la cantidad de estímulos para la vista que acabo algo mareada y con dolor de cabeza. Tras la visita al Museo dell'Opera Metropolitana del Duomo y la visita panorámica de la ciudad desde dos azoteas situadas a distinta altura, la catedral se me antoja un postre demasiado apetitoso como para no probarlo y terminarlo a pesar de haberme saciado ya con los anteriores platos. Obra maestra del gótico italiano, si tuviera que emplear una palabra para definirla sería mármol, pues éste predomina, tanto en el exterior como interior de la misma, alternando bandas blancas y negras, los colores característicos de Siena en honor a los caballos, blanco y negro, de los fundadores de la ciudad, Senio y Asquio. El suelo es un continuo de mosaicos hexagonales que incluyen otros colores como el ocre y rojo teja, que da paso a numerosas capillas y, al final, a un coro tallado en madera que representa numerosas escenas. A mano izquierda, encontramos la librería y, afuera, el acceso a una cripta descubierta en 1999 de paredes completamente pintadas que había permanecido sepultada durante siete siglos. Después de este largo viaje en el tiempo, algo desorientada, busco a Cédric a mi alrededor y no tardo en encontrarlo sentado en uno de los pocos bancos disponibles en el abarrotado templo. Advierto, conforme me acerco, que él está tan agotado como yo, si no más, y lo animo a levantarse para salir de aquí.

Encontramos una prosciutteria con una selección de productos típicos de Siena muy cerca de la catedral, junto a la Piazza Indipendenza, en la que logramos hacernos hueco en una barra al fondo del establecimiento. La especialidad de este lugar llamado Pretto es una focaccia artesanal rematada con jamón de la región que, junto a una copa de vino tinto, deleita y llena nuestros paladares y estómagos al tiempo que relaja nuestras mentes al liberarlas, momentáneamente, del espacio ocupado por el arte momentos antes.

Ayer, viernes 27 de septiembre, Siena fue lugar de encuentro para una de las protestas globales contra el clima, así como para los asistentes a unas conferencias sobre obesidad y fertilidad, y al congreso sobre cerebro, lenguaje y aprendizaje que aún está teniendo lugar. Pero Siena también está siendo estos días sede de la iniciativa BRIGHT promovida por la Comisión Europea para difundir la cultura científica y el conocimiento de las profesiones de investigación, una fiesta que culminará esta noche en la Piazza del Campo con el concierto de la banda Boomdabash. Quizá es por este motivo por el que la ciudad está abarrotada y, quizá, también la razón por la que las hermanas, que nos tenían reservada cama para la noche de mañana, nos comunican de vuelta en el comedor que la noche del sábado está completa. Abrumados ante la posibilidad de no poder quedarnos en Siena un día más y, algo molestos por la mejorable organización de las hermanas, con tantas agendas como administrativas en la recepción de la residencia, volcamos todos nuestros esfuerzos en encontrar alternativas, pero no es hasta la mañana siguiente cuando dan sus frutos, no muy lejos de allí, gracias a la inagotable perseverancia optimista de Cédric.

Para entonces, Kevin y Jarka ya están lejos de aquí. Cuando esta mañana entraron a oscuras en la habitación para recoger, sigilosos, sus cosas, nos despedimos con un "hasta pronto". Echaré de menos su sonrisa y energía positiva en los próximos días, pero no más, pues estoy convencida de que nuestros caminos se cruzarán de nuevo muy pronto. Cédric retoma sus dibujos, que aún se remontan a la parte francesa de su viaje, y dejo al artista trabajar para perderme por las calles de esta hermosa ciudad, en la que todavía desconozco si pasaré unas horas más o un día en su totalidad. El sonido de unos bastones contra el suelo empedrado de una de las calles del centro histórico de Siena por el que me muevo llama mi atención al poco tiempo de salir del albergue. Es Caroline, la norteamericana de estrepitosa voz y atuendo de tenista que, sin descanso, se dirige hacia Ponte d'Arbia. Tras desearle buen camino, encuentro frente a mí la iglesia de San Cristoforo, que visito antes de hacer lo mismo con la iglesia de San Francesco y la iglesia de la Visitazione, a las que me conducen diversas señales. En mi recorrido, no me pasan inadvertidas las subidas y bajadas de las calles que sorprenden con distintos planos de la ciudad y parajes circundantes, todo un espectáculo para la vista.

Cédric me espera en la plaza de la Catedral con mirada alegre y la sorprendente noticia de que nos podemos quedar. "Nuestras mochilas están a buen recaudo, con las hermanas" me dice, "y tenemos dos camas reservadas para esta noche en el Convento di Santa Maria dei Servi" añade. Me vuelvo al oír nuestros nombres y, como intuía por la voz, un Yvo excitado por vernos viene a nuestro encuentro. No está solo, sino que lo acompaña una elegante mujer rubia que nos presenta como su pareja. Yvo irradia felicidad y no duda en relatar experiencias compartidas del camino frente a ella, resaltando nuestro similar gusto culinario, así como mi velocidad al caminar, ante lo cual Cédric no duda en añadir que es tanto mayor cuanta más acusada es la pendiente del camino. Mientras pongo los ojos en blanco con gesto de "son unos exagerados", ella ríe y nos mira con interés. Con una mezcla de sorna y fastidio, recalco que soy el anti-mosquitos de Cédric al tiempo que muestro unas piernas llenas de picaduras que contrastan con las inmaculadas piernas de él. Yvo me recomienda comprar aceite de geranio como repelente natural y nos despide afectuosamente con un "Cuidad el uno del otro" acompañado de una penetrante mirada dirigida a ambos. Nos alejamos cogidos de la cintura, con mirada cómplice, a la que sigue una risa unísona al resolver por fin el enigma del olor que atribuíamos a la presencia de Yvo: esencia de geranio.

Recogemos nuestras mochilas escondidas tras la Virgen situada al fondo del pasillo de la Casa Accoglienza Santa Luisa para dirigirnos hacia la derecha, calle arriba, hasta el Convento di Santa Maria dei Servi. Allí nos espera Dario, un hospitalero encantador que no duda en proporcionarnos la mejor habitación, al final del pasillo, con vistas al maravilloso paisaje otoñal de la Toscana. Encontramos allí a Nevio, el italiano que se perdió en las proximidades de Aulla y al que Cédric ayudó. Desde entonces, he oído hablar mucho de él y no es para menos pues, a pesar de la barrera idiomática, puedo ver en sus ojos la bellísima persona que es, como Cédric. Mientras Dario prepara la habitación para los dos, Nevio asegura que le hemos caído en gracia y el hospitalero, con oído atento en la distancia, no duda en responder que es posible, pero que de tener que escoger a uno de los dos, me escogería a mí. Para exasperación mía, Cédric le da la razón y los tres ríen al unísono, risa a la que acabo cediendo también yo por lo absurdo de la situación, pues no me considero merecedora de tanta atención. Un inquieto Dario, que no duda en asumir más de una tarea al mismo tiempo sin finalizar ninguna a tiempo, nos avisa de que nuestra habitación está lista una hora y media después de nuestra llegada. Es el tiempo que ha tardado en colocar las fundas del colchón y la almohada a cada una de las camas, entre bufidos mezclados con idas y venidas de índole desconocida.

52

El sonido del despertador me trae de vuelta a la habitación del convento, en Siena. Hubiera preferido permanecer donde estaba, tumbada en la cama de una casa en la que no recuerdo haber estado antes, junto a una persona que me besa dulcemente y que reconozco en quien apaga ahora la alarma de su móvil. Sólo que Cédric no está junto a mí ahora, ni siquiera me roza, al estar su cama separada de la mía por un ángulo de noventa grados. Es por ello por lo que me levanto rabiosa con el despertador, aunque la aparición de Nevio en la puerta relega a un segundo plano mi infantil enfado. Nevio vuelve a casa y nos despide con un abrazo, especialmente emotivo en el caso de Cédric, al que le hace cerrar el puño y apretar con fuerza un billete. "Para el alojamiento de esta noche de los dos. Este lugar nos ha reunido de nuevo y para mí ha sido una gran alegría volver a verte y poder agradecerte una vez más lo que hiciste por mí hace unos días" le dice a Cédric en francés. Luego, vuelto hacia mí, añade en un inglés gesticulado para hacerse entender mejor "Formáis una bonita pareja. Este hombre tiene un corazón grande", a lo que asiento a la vez que señalo en su dirección para hacerle ver que en eso están igualados. Emprendemos el camino que oteamos desde la ventana de nuestra habitación momentos antes. Una extensión de campos que se debaten entre permanecer verdes y asumir los tonos ocres y gris arcilla característicos de esta época del año. Dos piedras aparecen apiladas, señalando la superior el camino a Roma mediante letras grabadas en color teja junto a un peregrino y una flecha. Hasta ahora predominaban las pegatinas blancas y rojas con un peregrino chiquitín negro, o bien un peregrino de tamaño mayor. Cédric es el experto en detectar estos últimos, mientras que a mí no me pasa inadvertida ninguna pegatina. Ahora que queda poco más de una semana de camino hasta Roma, las señales hacen de nuestro destino una realidad aún más palpable.

Encontramos a Janine descansando sobre una roca en el camino, un asiento que escasea entre los prados que recorremos y que recuerdan a la meseta, sólo que en lugar de girasoles, son los cipreses dispuestos en hilera, simulando las púas de un peine, los que adornan los campos de trigo. También nos cruzamos en más de una ocasión con una señora mayor y un chico joven que, tras jugar a adivinar el nexo entre ambos con historias imaginarias de lo más extravagantes, resultan ser madre e hijo. Quién lo diría, pues se parecen como un huevo a una castaña, pienso para mis adentros.

Protegidos por las nubes que nos acompañan de las inclemencias del sol, recorremos los veintiséis kilómetros hasta Ponte d'Arbia en menos de cinco horas. Alentados por la temprana hora, las 12:30, y un mensaje de Kevin que nos anima a buscar alojamiento en Buenconvento por su atractivo y servicios, caminamos los cinco kilómetros que nos separan de este pueblo medieval fortificado. Encontramos el albergue señalizado de la parroquia poco después de atravesar la Porta Senese, sólo que cerrado, y sus habitantes están demasiado distraídos con el ambiente festivo del domingo como para prestarnos atención. Tras varias llamadas con mensajes en el buzón de voz, e-mails e infructuosos mensajes de texto, decidimos valorar otras alternativas más adelante en el camino, pues no pasan de las dos de la tarde. Pero no hay opciones de alojamiento hasta San Quirico d'Orcia, a veinte kilómetros de donde estamos, por lo que nos resignamos a desandar los cinco kilómetros avanzados y a caminar, así, diez kilómetros más de lo debido. Resolvemos concedernos, por ello, una comida en una bonita terraza de un restaurante italiano que Cédric paga con el dinero de Nevio. Es una buena idea, pues el mero recuerdo de Nevio consigue rebajar la tensión del momento, acrecentada minutos antes tras ser objeto de las burlas y risas provenientes de unos señores sentados en otro restaurante. Decepcionados por la falta de hospitalidad de un lugar cuyo nombre sugiere precisamente esa vocación hospitalaria, emprendemos cabizbajos el camino de vuelta hasta Ponte d'Arbia, esta vez, por carretera y con un helado entre las manos a modo de premio de consolación.

Pero el mayor premio lo recogemos de vuelta en Ponte d'Arbia, en el albergue Centro Cresti, donde unos simpáticos italianos no dudan en invitarnos a compartir con ellos la especialidad que han preparado para cenar: espaguetis all'arrabiata. Nos sorprenden también con unas patatas al horno aromatizadas con hierbas, focaccias de distinto tipo, regalo del panadero del pueblo, así como unas tostadas de aceite y ajo que enloquecen los sentidos. La mesa del comedor se llena de peregrinos agradecidos, dispuestos a compartir. Aquí están madre e hijo, una joven pareja con la que, al igual que los italianos, coincidimos hoy por primera vez, Janine e Isabella, quien extraña a su compatriota suizo Yvo. La sobremesa viene cargada de Grappa, un aguardiente de orujo italiano del que sólo soy capaz de beber un sorbo del que deriva una nada desdeñable quemazón de garganta. Enseguida cedo mi chupito a Cédric, sobre todo cuando me sobreviene el recuerdo de que no llevo ropa interior. No había podido lavar desde aquel día que hicimos la colada en San Gimignano y hoy, sin apenas ropa limpia, he tenido que hacerlo de forma desesperada sin sol que calentara por lo tarde de la hora. Ahora sólo me queda confiar en tenerla seca para mañana.

Tras dejar la cocina como los italianos la encontraron antes de iniciar su arte culinario, Cédric me conduce hasta la mesa del comedor, ahora desierta. Recorta una esquina del mantel de papel y dibuja en ella su árbol familiar, mucho mayor que el mío, que trazo a continuación. Nos servimos de fotografías para asociar cada nombre a una cara y favorecer, así, la memorización. Me siento más cerca de él con este gesto y, de vuelta en la habitación, también vacía, un Quique cariñoso me besa como si sintiera lo mismo, como si nuestros pensamientos estuvieran conectados en ese momento y fueran uno solo. Cuando nos separamos, nos reímos del persistente sabor del ajo del que no nos privamos durante la cena ya que, por fortuna, ninguno de los dos le hacemos ascos, sino todo lo contrario. Ambos nos declaramos amantes de la cebolla y el ajo, los grandes reyes de la cocina. La velada finaliza con un masaje de pies aplaudido por Cédric, a diferencia de mi pie izquierdo, que grita clemencia y sosiego mientras lo zarandeo. A veces, como ahora, me preocupa no llegar a Roma, consciente de lo mucho que lo estoy forzando, consciente de que en cualquier momento puede decir "basta" o "hasta aquí hemos llegado". Pero estoy decidida a continuar hasta que esto ocurra, consciente también de que quizá ese momento no llegue nunca. Así que voy a intentarlo. No espero que mis pies me lleven a dónde quiero, pero sí que yo pueda conducirlos lejos. ¿Hasta dónde? Hasta dar alcance a mis sueños; si no todos, me gustaría ver realizados buena parte de ellos.

53

El sol asoma entre las colinas cuando, de nuevo, caminamos hacia Buonconvento. A primera hora del día, con unos rojizos rayos colándose entre las copas de los árboles, el paisaje que nos rodea se me antoja diferente. Diría que no se trata del mismo sendero de tierra que seguimos ayer, seguramente porque la luz es muy diferente a la del mediodía. Sea como sea, me siento tan llena de energía como falta de ropa interior, todavía húmeda tras la colada de ayer, discretamente tendida, por ello, en la parte trasera de mi mochila. Confío en que con las tupidas mallas y la chaqueta ancha, ahora cubierta por el chubasquero de papá, este hecho pase inadvertido a los ojos de los demás. La verdad es que no voy incómoda; al contrario, la sensación de libertad es asombrosa. Quizá es por ello por lo que bromeo cual payasa flexionando los brazos al mismo tiempo que los muevo en círculos y giro sobre mí misma, en representación de Gallina, el nombre de un pueblo por el que hoy pasaremos. Un Cédric desternillado de risa pide que lo repita y, aunque yo me resisto ante la creencia de que es algo que pertenece al pasado y, por tanto, irrepetible, la niña de mi interior juega de nuevo a un espontáneo cacareo. Y él, por su parte, no duda en grabarlo. Sus risas se mantienen toda la hora siguiente con reproducciones seriadas del vídeo, que Cédric califica de obra de arte y un fiel retrato de la persona que soy. "Una mujer guapa, inteligente, graciosa y sexy."

Encontramos a Janine y a los italianos en una fuente a la entrada de Torrenieri, pasados Buonconvento y Podere Altesino. El camino hasta aquí ha sido sencillo entre campos de trigo, y las vistas proporcionadas por la subida del Valle dell'Arbia lo han hecho especialmente bonito. Ahora son los cipreses los que forman un pasillo en algunos tramos del recorrido, con viñedos a ambos lados del mismo. De esas uvas Sangiovese que nos rodean y que los italianos nos animan a probar nace el vino tinto de Brunello Di Montalcino, uno de los más famosos de Italia. También descubrimos un dulce típico de Siena, cargado de fruta, miel y frutos secos, conocido como Panforte. Sucede en una pastelería que siempre recordaré, no sólo por esa deliciosa barrita energética, sino también por su café, servido en una taza de porcelana azul y blanca de tamaño considerable, que me hace sonreír y sentirme como en casa. Pienso en Kevin y Jarka y en lo mucho que hubieran disfrutado de este café extra-grande. Quizá por telepatía, o porque también los conoce lo suficiente, Cédric fotografía el momento en el que envuelvo la taza entre mis manos y, sonriente, la acerco a mis labios, para enviársela a la pareja de inmediato.

El panforte obra milagros y, a pesar del sol abrasador, emprendemos la última subida antes de llegar a San Quirico entonando a dúo "Time's a wastin'", una canción que ya casi hemos convertido en nuestra, al tiempo que bailamos y reímos como niños, ante el asombro de los demás, a los que dejamos atrás. El albergue Palazzo del Pellegrino no abre sus puertas hasta dentro de hora y media, por lo que decidimos esperar en una terraza tomando un helado, escribiendo yo, dibujando Cédric y hablando ambos. Continúa llegando más y más gente y, tras el mensaje de Kevin alertándonos del cierre de la Collegiata di San Quirico por chinches, me preocupa que no haya espacio suficiente en Palazzo para todos los que estamos aquí. Mis temores se ven confirmados cuando, tras contarnos, la hospitalera de Palazzo concluye no tener camas para todos porque espera la llegada de un grupo de catorce que reservó con antelación. El problema de las reservas es que pueden aparecer o no, y en caso de no hacerlo privan de camas a otros peregrinos que sí han hecho el esfuerzo de caminar hasta este lugar y que pueden estar demasiado exhaustos como para continuar. El siguiente albergue disponible es La Vecchia Posta, en Gallina, situado a diez kilómetros de donde nos encontramos, según nos dice la hospitalera. Como no estamos cansados y, en principio, habría problema de espacio para dos o tres personas, aunque con posibilidad de alojarlas en el suelo, y temiendo que este problema se repita en los días venideros, Cédric y yo decidimos continuar hasta Gallina. Así dejaremos atrás al grupo de catorce. Eso sí, antes de partir, aseguramos la disponibilidad de alojamiento allá donde vamos con la ayuda de la hospitalera, que nos pone en contacto con Michela, la dueña de la Vecchia Posta.

Emprendemos la marcha con la tranquilidad propia de la hora que sigue a la comida, sólo que nosotros no la hemos hecho, no de forma ordenada. Aún así, me siento llena de energía y la temperatura es perfecta para caminar. Unos cipreses bajos se alternan con otros altos de forma graciosa a la salida de San Quirico d'Orcia, una vez terminada la sucesión de iglesias románicas que acoge su calle principal, Vía Dante. El camino recorre, en algunos tramos, la vieja calzada romana, que atraviesa las aldeas esculpidas en piedra de Vignoni y Bagno Vignoni, donde los peregrinos medievales ya disfrutaban desde el siglo IX de los beneficios de las aguas termales tras sus largas caminatas. Evitamos la transitada carretera Strada Provinciale 53 siguiendo los caminos de tierra marcados para transeúntes pero, dos horas más tarde, cuando teníamos previsto llegar a Gallina con las instrucciones de la hospitalera, nos vemos aún muy lejos de allí. Es entonces cuando comienzan a flaquear mis fuerzas, supongo que por el desengaño unido al hecho de haber quemado hace rato el panforte y el helado. Tras haber dado a Cédric mi última barrita energética de dátiles y anacardos, ahora es él quien trata de levantar mi ánimo y energía con una manzana cuya fructosa obra milagros.

Advierto que no hemos visto a nadie desde que perdimos de vista aquel imponente castillo de Tentennano, que nos observaba desde lo alto de Castiglione d'Orcia. Cédric y yo estamos solos; solos con la naturaleza y un sol que se precipita velozmente bajo las colinas más allá de nuestra vista. La luz cálida del atardecer realza los matices del paisaje que nos rodea, de una belleza asombrosa, pero amenaza con desaparecer pronto, y Gallina no se intuye en el horizonte todavía. Apresuramos el paso por temor a que la noche nos sorprenda en un paraje desconocido, en el que apenas hay cobertura, ni nadie a quien pedir ayuda. Cédric alterna una carrera con una parada técnica para no perder la oportunidad de fotografiar la imponente vista del camino. Éste, de grava blanca, recorre la dorada extensión del trigo delimitada al fondo por unas colinas recortadas bajo un cielo azul. Éste parece salido de un cuadro, con pinceladas rosas y lilas en su parte baja, inmediatamente cubierta por una banda de tímido color grisáceo propio del algodón, como el que simulan los cúmulos.

Tan embelesados por la belleza como desesperados por la tardía hora, descendemos por el camino al trote antes de ascender de nuevo y ver, por fin, las luces de un pueblo no muy lejos de aquí. Conforme corremos hacia allí, con cuidado de no tropezar y caer a causa de la escasa luz, la conexión es lo suficientemente buena como para comprobar que se trata de Gallina. La noche se cierra sobre ésta a las ocho, justo cuando llegamos a la puerta de La Vecchia Posta, donde Michela nos recibe afectuosamente. Cuando, al registrar nuestra estancia, descubre Ponte d'Arbia como el lugar desde el que hemos partido esta mañana se lleva, conmocionada, las manos a la cabeza. Como ya habíamos intuido por la duración del recorrido, de San Quirico d'Orcia hasta aquí no hay diez kilómetros, sino diecisiete, lo que quiere decir que en el día de hoy hemos recorrido cerca de cuarenta y cinco kilómetros. Por fortuna para nuestros vacíos estómagos, la casa cuenta con alimentos básicos que, junto a la carne que conseguimos en el bar de al lado antes de cerrar, sirven para dar vida a una cena de lo más completa. Mientras me ducho arriba, Cédric cocina y un agradable olor llena mis sentidos al bajar las escaleras para descubrir, de vuelta en la cocina, unos platos rebosantes de espaguetis bañados de sofrito de tomate y carne. Sobre la repisa de la chimenea, una gallina tallada en madera nos recuerda el lugar en el que estamos, así como lo que nos ha costado encontrarlo. Ahora, en la intimidad de una cálida cocina, noto cómo mi cuerpo y mente se relajan para disfrutar de la sabrosa cena que ha preparado el dueño de esos ojos verdes en los que me sumerjo sin miedo.

54

Sin gallinas a la vista, quizá porque se esconden en el mes de octubre, que comienza hoy, me despido contrariada de este pueblo llamado Gallina. Difícilmente olvidaré el día de ayer, en el que una serie de acontecimientos inesperados dieron paso a un esfuerzo épico que nos trajo hasta aquí de noche. Una noche en la que apenas he dormido, posiblemente porque mi cuerpo estaba demasiado extenuado y, al mismo tiempo, demasiado alerta como para dejarse arrastrar por el sueño y descansar. Es por ello por lo que ahora me siento extremadamente cansada y camino callada, sin apenas ganas. Pero no soy la única. Cédric se detiene más veces de las habituales para fotografiar paisajes; y no, no son más atractivos que los de días anteriores. O quizá sí, pero más adelante, conforme nos acercamos a Radicofani y unas nubes grises bajas cubren de misterio su fortaleza, La Rocca. Unos caballos pastan junto al camino, mecidas sus colas por el viento fresco de la mañana. Agradezco la ausencia de calor en la subida, que la mayoría de peregrinos que siguen la guía se ven obligados a afrontar pasado el mediodía. Como hubiéramos tenido que hacer nosotros hoy, de haber tenido cama ayer en San Quirico d'Orcia, en cuyo caso no hubiéramos conocido la belleza del camino hasta Gallina. Sintiéndome afortunada con el transcurso de los acontecimientos, descubro las estrechas y empedradas calles de Radicofani, que nos conducen hasta la iglesia románica de San Pietro del siglo XIII. Tras visitar su interior, muy oscuro comparado con la luminosidad de la mayoría de los templos visitados hasta ahora, desayunamos en una terraza frente a su fachada.

Dejamos atrás el valle D'Orcia y la fortaleza de Radicofani para descender con la panorámica del valle del Paglia de frente. El paisaje es, a mi parecer, junto con el de ayer, uno de los más espectaculares de los que he visto a lo largo de la Vía. A la belleza de la antigua calzada romana, que ahora pisamos, se añade la del monte Amiata rodeado, a su vez, de infinitas colinas que nos acompañan hasta Ponte a Rigo. La idea de continuar caminando hasta Centeno se ve truncada cuando nos avisan de que su albergue está cerrado por obras. Casi me alegro de que así sea, pues agradezco parar en este pueblo diminuto junto al río. La casa del peregrino, situada junto a una iglesia moderna y sencilla, perteneciente a la orden franciscana, cuenta con dos habitaciones con baño para alojar a peregrinos; hoy, sólo nosotros. Fuera, un merendero de madera rodeado de jardín sirve de lugar de descanso a una pareja de peregrinos americanos, ya retirados, que aseguran pasar la mayor parte de su tiempo caminando, sobre todo, en España. Eso sí, poco después, un chófer acude a recogerlos en un Mercedes Benz para conducirlos hasta Acquapendente. Salta a la vista que hay formas y formas de caminar, algunas menos exigentes y más flexibles que otras, como la nuestra. Resuelvo, por ello, ir al único bar existente en Ponte a Rigo, Il Girasole, para conceder como premio a nuestra perseverancia un helado de vainilla y otro de chocolate. A estas alturas es fácil adivinar quién se comió cada cual.

El arcén de la carretera que conecta Ponte a Rigo con Acquapendente es, al día siguiente, el camino que debemos seguir durante diez kilómetros para llegar hasta allí. Mientras recorro la transitada carretera, pienso en los americanos que ayer omitieron este tramo, probablemente para evitar riesgos innecesarios. Un cielo gris amenaza con lluvia, lo que nos obliga a caminar con las capas ante la imposibilidad de manipularlas en plena carretera. Me dedico a saludar a los conductores para observar sus reacciones. En respuesta, recibo pitidos seguidos de algún entusiástico saludo que me hace sonreír, si bien es cierto que la mayoría no se inmuta, aunque no por ello me detengo. ¿Acaso por no recibir contestación una deja de saludar? Los modales no deben perderse jamás.

Atravesamos el pueblo de Centeno, de unas pocas casas, poco después de que una señal rectangular blanca indicase que habíamos llegado a Lazio. Atrás queda la maravillosa Toscana, pues Acquapendente forma ya parte de la provincia de Viterbo, en el norte de Lazio, que conecta la Toscana con Roma. De hecho, sólo hay que fijarse en las señales de tráfico para darse cuenta de los poquitos kilómetros que faltan para llegar a Roma, algo más de un centenar, así como del hecho de que no hacen más que bajar. Mientras avanzo, pienso en mi antiguo trabajo, que ahora me ha sido ofrecido de nuevo, sólo que con contrato indefinido en lugar del de renovación anual que firmé al llegar. Han mantenido igual todo lo demás, por lo que me veo obligada a declinar la oferta y a desearles que encuentren a alguien capaz de abordar una carga de trabajo y responsabilidad nada desdeñables, con la mejor calidad posible, por el bien de los pacientes y del sistema sanitario.

Acquapendente no nos sorprende con agua, como su nombre sugiere, aunque el chivato internet sitúa este lugar cerca de numerosas cascadas pequeñas que desembocan en el río Paglia, a las que hace honor su nombre. Antes de sumergirnos en el revuelto de calles que conforman el centro histórico de un pueblo medieval surgido del paso de peregrinos hacia Roma y Tierra Santa, visitamos la iglesia de San Francesco. Una vez en la céntrica Piazza Girolamo Fabrizio, tomamos un café y, en el camino de salida, encontramos la Catedral del Santo Sepulcro, cuya espectacular cripta del siglo XII nos deja boquiabiertos. Afuera, mientras me coloco la capa de lluvia, mi móvil me depara una sorpresa.

La historia se remonta a mis años de residencia en el Hospital Clínic de Barcelona, en el que nos animaban a participar en congresos mediante el envío de trabajos en forma de resumen primero, y póster o comunicación oral después. Yo no necesitaba que me animasen mucho, pues era tal la motivación con la que llegué que incluso quise empezar la tesis. Mi tutora me frenó con la excusa de que era muy pronto y, gracias a Carmen y a Mayte, empecé un proyecto de evaluación del riesgo de un delicado proceso como es la elaboración de nutrición parenteral pediátrica, concretamente, para neonatos. En el último año se habían introducido cambios para mejorarlo y aumentar así la seguridad, con el fin de evitar la llegada de errores a pacientes sumamente vulnerables. El estudio pretendía valorar la reducción del riesgo, asociado al proceso de elaboración, tras la introducción de mejoras como la prescripción electrónica, un doble chequeo y un control bioquímico, entre otras. Los resultados que obtuvimos eran motivo de orgullo, con casi un sesenta y seis por ciento de reducción del riesgo, así que mi desilusión fue mayúscula cuando rechazaron la presentación del trabajo en el 59 Congreso de la Sociedad Española de Farmacia Hospitalaria. Carmen me animó entonces a presentarlo en el 20 Congreso de la Asociación Europea de Farmacia Hospitalaria. Contra todo pronóstico, aquí fue uno de los diez trabajos seleccionados para ser presentado mediante una comunicación oral que, tras un curso intensivo para refrescar mi buen nivel de inglés de años atrás, obtuvo el tercer premio. Ahora, la misma Sociedad Española de Farmacia Hospitalaria (SEFH) que no supo valorar el trabajo años atrás, premia el artículo que me vi impulsada a escribir para compartir el trabajo con compañeros de profesión que podrían beneficiarse de la aplicación de las mismas mejoras en sus respectivos Servicios de Farmacia. El e-mail me informa de que la entrega de premios tendrá lugar en el acto de clausura del 64 Congreso de la SEFH en Sevilla, el día 19 de octubre, y solicita la confirmación de mi asistencia.

55

Cuando, atónita, levanto la vista del teléfono móvil, Cédric me está mirando con visible aprensión por mi estado de abstracción, del que vuelvo poco a poco a la vez que pongo voz a mis pensamientos. Mientras mi mente trata de desentrañar el sinsentido de los acontecimientos tras los cuatro intentos fallidos de publicación del artículo antes de su aceptación por parte de la revista de la SEFH, Cédric me aplaude y abraza, visiblemente contento, sin parar de repetir lo orgulloso que está de mí. "Nunca es tarde para un reconocimiento a tu esfuerzo por un trabajo bien hecho, así que en cuanto lleguemos a San Lorenzo Nuovo vas a sacar el móvil y vas a confirmar tu asistencia al congreso para recoger el premio" me dice, con su dedo índice apuntando en mi dirección. Y así lo hago, después de compartir la noticia con mis padres y hermanos, rodeada por la vegetación de un bosque que es testigo de mis giros, cual peonza reproduciendo mis pies quizá las mismas vueltas que da mi imparable y revoltosa cabeza.

San Lorenzo Nuovo me recuerda a un espejo, ya que todos los establecimientos a un lado de la carretera tienen su gemelo al otro, incluso la iglesia de San Lorenzo, donde llama nuestra atención la forma en que los bancos están circularmente distribuidos hacia fuera. Un poco más allá, al final de la plaza principal, se atisban ya las aguas del lago de Bolsena. Allí nos dirigimos tras comer una pizza y, en el caso de Cédric, también un plato de pasta carbonara. Tampoco rechaza el helado que llega después, lo que me permite comprender mejor cómo fue capaz de terminar una pizza tamaño familiar en un horno francés ante la incredulidad de la dueña, a la que sumó un postre, para vahído, no de Cédric, sino de ella.

Los Montes Volsinos guían nuestro descenso hasta Bolsena por una senda cubierta por un manto de hojas y flores lilas con forma de mariposa, entre verdes robles, alisos y castaños. Las colinas de origen volcánico que forman esta sierra hacen que subamos y bajemos ininterrumpidamente a través de una pista de tierra morada rodeada de jardines, viñas y olivares. La tormenta con la que amenazaban desde el principio de la mañana las nubes grises, ahora casi negras, comienza junto con un viento huracanado al final de este camino serpenteante que acaba en Bolsena. La luz del atardecer embellece sus casas de piedra, dispuestas a distintas alturas en calles estrechas comunicadas por escaleras o cuestas que, constantemente, ponen a prueba la condición física de aquellos que habitan en ellas. Ahora, la nuestra, pues al riesgo de resbalar en las cuestas adoquinadas a causa de la incesante lluvia se añade el cansancio que sigue a los cerca de cuarenta kilómetros recorridos hoy, buena parte de ellos por carretera.

Encontramos el Instituto Suore Ss. Sacramento en la Piazza Santa Cristina, donde se encuentra la Basílica del siglo XI que conserva los restos de la mártir. Aunque la fachada es renacentista, el interior es fiel a sus románicos orígenes y en él se puede visitar la catacumba, así como numerosas y no menos bellas capillas. Tras salir y tocar el timbre de las hermanas en numerosas ocasiones, sin respuesta, esperamos a que ocurra otro milagro, como que la puerta se abra y nos muestre el camino a una habitación con baño. Pero el destino es caprichoso y ha resuelto que el milagro llegue de la mano de Jarka a quien, de pronto, veo a pocos metros de distancia. Está hablando por teléfono, en la puerta de una pizzería, y parece saludar divertida a su nieto Rocco, al otro lado de la pantalla. En ese momento, alguien más abandona el establecimiento con una pizza y, mientras se mueven las cuerdas de la puerta, veo a Kevin sentado en la única mesa que hay dentro. Jarka cuelga y entra en ese momento, instante que nosotros aprovechamos para sorprenderlos con un abrazo. Descubrimos que están alojados en el mismo lugar, al que nos facilitan la entrada para hablar con las hermanas, que casualmente nos tenían reservadas las dos camas ubicadas junto a las de nuestros compañeros de camino.

Con ellos cenamos en el lugar en el que nos hemos reencontrado, una pizzería para llevar, diminuta pero muy exitosa, que acumula premios y un peculiar nombre, Papayo, ¿su dueño, quizá?. No tengo tiempo de reparar en ello, pues Jarka y Kevin acaparan toda mi atención con sus historias de estos últimos días, a las que sumamos las nuestras, sin duda más concurridas que las suyas. Nos damos cuenta de que un día de camino basta para marcar la diferencia entre encontrar o no alojamiento. Y es que Kevin y Jarka, como nosotros ahora y hasta nuestra parada en Siena, apenas se han topado con nadie más allá de Caroline y quizá algún peregrino más, mientras que nosotros llegamos a coincidir con grupos tan numerosos que, dependiendo de la capacidad del alojamiento, hacían peligrar nuestra estancia en el mismo. Quedan fascinados por nuestro recorrido en plena tarde desde San Quirico d'Orcia hasta Gallina, a diecisiete kilómetros del anterior. También por nuestra tranquila y solitaria estancia en Ponte a Rigo, así como por el premio que me ha sido concedido y que los tres aplauden y celebran con un brindis.

Mientras caminamos de noche por las calles de Bolsena, Jarka se interesa por mi situación laboral cuando el viaje acabe y, sin tapujos, le relato los cambios que se han ido sucediendo en mi vida en los últimos días. Me felicita por ellos, al mismo tiempo que me anima a encontrar un trabajo que me permita, como a ella el suyo, disfrutar del día a día. "Trabajes en lo que trabajes, ha de hacerte sentir bien contigo misma" me dice, acertadamente, pues mi trabajo anterior cojeaba en ese punto.

De vuelta en el convento, antes de acostarme, comparto con Mayte y Carmen el éxito de nuestro trabajo, que también elogian a sabiendas del esfuerzo que hubo detrás. Me duermo enseguida y, de noche, en un estado de duermevela, siento a Cédric, en la cama de al lado, que rodea mi pecho con su brazo. Creo que está soñando. Lo observo con cariño y sonrío antes de volver a caer, profundamente dormida, quién sabe si no en el sueño de él para abrazarlo yo también.

56

Bolsena amanece con la calma que sigue a la tempestad de ayer. El lago luce el azul celeste del cielo, apagado sólo en aquellos tramos en los que aún imperan algunas nubes. El camino hacia Montefiascone continúa atravesando Monti Volsini, cuyo terreno elevado nos proporciona excelentes vistas del lago. Tras atravesar Podere Saili, nos internamos en el bosque del Parco di Turona, una garantía de sombra a lo largo de su verde al mismo tiempo que otoñal recorrido, salpicado por alguna cascada de manantial, que apreciamos mejor desde un puente sobre el río Turona. Inmediatamente, el ascenso de una colina conocida como Colle della Guardata nos obsequia con un tramo de la increíblemente bien preservada calzada romana del siglo I a.c.

Pero el ánimo refleja el cansancio acumulado de estos últimos días y ni siquiera unos cruasanes rellenos de chocolate blanco de un pastelero experto consiguen levantarlo. Mi pie izquierdo está más dolorido que días atrás y mis piernas parecen haberse solidarizado con él, agarrotadas y extenuadas como las siento. La subida a Montefiascone se me antoja un infierno, sobre todo, porque el tiempo empeora de nuevo y el viento dificulta nuestro avance al oponer resistencia. Una monja nos alcanza en

Via Flaviano, poco después de visitar la iglesia románica de estilo gótico que lleva su nombre, y se ofrece amablemente a guiarnos hasta el convento que acoge a los peregrinos, pero nuestra idea es continuar hasta Viterbo. Allí quedamos en vernos, ayer, con Kevin y Jarka, a los que encontramos disfrutando de un café en un bar de la plaza Roma. En ella desembocamos tras recorrer la calle de Corso Cavour, por la que continuamos tras el descanso, en solitario, hasta la Catedral de Santa Margarita y la fortaleza Rocca dei Papi.

La imagen de la Virgen María con las manos en oración insta a mantener la calma cuando las vidrieras suenan, azotadas por el fuerte viento, al igual que las gruesas puertas de madera del templo. La capa de lluvia me acompaña el resto del camino, que comienza con un mirador al lago de Bolsena. Atrás queda Montefiascone cuando continuamos nuestro paso por los adoquines característicos de la antigua calzada romana. Kevin nos previene, mediante una llamada, de un tramo completamente enfangado al que, efectivamente, llegamos tras atravesar un puente y que me obliga a decir adiós a mis desgastadas zapatillas fucsias para dar la bienvenida a unas embarradas e irreconocibles deportivas. Cédric maldice mi escasa paciencia, convencido de que, con la ayuda de un palo, hubiera podido dar con un tramo del camino menos cubierto de barro y facilitarme, así, el paso. Aún así, fotografía encantado el resultado de mi impulsividad, la belleza de la fealdad, como él llama a la que es, sin duda, su especialidad.

Mientras ascendemos las colinas de Tuscia, que nos regalan una imponente vista de la ciudad de Montefiascone a nuestra espalda, el sol sale por fin, lo que hace que alcancemos Viterbo con el calor propio de las primeras horas de la tarde de un día soleado. Ni siquiera las aguas termales de Bagnaccio, dispuestas a la entrada de la

"Ciudad de los Papas", consiguen detener nuestro paso por temor a no poder retomarlo a causa del cansancio. Sólo cuando visualizamos la cuesta de entrada al Convento dei Cappuccini, en el que nos alojaremos esta noche, paramos en una lechería para conseguir el chute de energía que tanto necesitamos y obtenemos de un riquísimo helado.

Tras instalarnos y asearnos en una habitación para cuatro que compartimos con dos australianos, padre e hija, ponemos rumbo al bar más próximo para cenar y descansar cuanto antes. Tumbada en la litera de abajo, con los ojos cerrados, visualizo el arco del centro histórico de Montefiasconi, cuya grabación recuerda a los peregrinos que es allí donde comienza la cuenta atrás para llegar a Roma. De hecho, al igual que ocurre con la Compostela, para obtener el Testimonium basta con recorrer los últimos cien kilómetros, como los que distan de Montefiascone a Roma. Si seguimos el itinerario marcado por la guía y no doblamos etapas, como hemos hecho en alguna ocasión, llegaríamos a Roma en cinco días, concretamente, el lunes 8 de octubre. Justo a tiempo para conseguir entrada para la audiencia pública que el Papa concede cada miércoles en la Plaza de San Pedro. De ello hemos hablado con otros peregrinos a los que hemos encontrado en el bar, como Ana, Chris y Verónica, de Portugal, Francia y Rumanía, respectivamente. Los primeros son una pareja nacida de un camino anterior mientras que Verónica es la nómada a la que Cédric conoció en Lausanne y que, inevitablemente, me recuerda a Anthony aunque enseguida percibo en ella una personalidad muy distinta. Ambos son charlatanes, curiosos, preguntones y demandantes, si bien él más discreto y sutil que ella, a la que encuentro un tanto alborotadora.

Me duermo pensando en las etapas cortas que restan hasta Roma. Mañana caminaremos dieciséis kilómetros hasta Vetralla, aunque no por eso madrugaremos menos. Y es que tenemos pensado hacer lo que no hemos tenido tiempo de llevar a cabo hoy, visitar Viterbo.

Pero no por madrugar amanece más temprano. Cuando dejamos el Convento dei Cappuccini en una mañana que recuerda al invierno por su aire gélido, para adentramos en la parte amurallada de la ciudad, descubrimos que su centro histórico todavía duerme. Resolvemos tomar un café, al que le sigue otro; uno cerca de la ciudadela, otro cerca del palacio. Recorremos la Via San Pellegrino del barrio medieval formado por calles, torres y palacios típicos del siglo XIII tantas veces como dedos tenemos en nuestra mano. No es de extrañar, pues, que el hastío y el destemple a causa del frío se hayan apoderado de ambos para cuando el Palazzo dei Papi abre sus puertas. Con la belleza propia de la arquitectura gótica, lo que más llama mi atención es su historia. Concretamente, la del primer cónclave celebrado allí y en el que los cardenales fueron encerrados bajo llave por los habitantes de Viterbo que, hartos de esperar tres años sin Papa, buscaban propiciar la elección del mismo. Decepcionada con la visita, abandono el recinto para visitar de nuevo la Catedral de San Lorenzo que ahora, cuando hay más luz, puedo apreciar mejor. La fachada es renacentista, mientras que su torre, de estilo gótico, me traslada de nuevo a Siena con esas bandas de mármol oscuras y blancas alternas.

Pasan de las once de la mañana cuando retomamos el camino hasta Vetralla a través de unas escaleras que descienden tras el Palazzo dei Papi hasta el bullicio de la ciudad. Conforme éste va quedando atrás, el camino asfaltado se interna en lo que parecen unas paredes de roca. Se trata de la Vía Cava, uno de los misteriosos caminos tallados en la roca por los etruscos, y cuya función no parece estar dilucidada a día de hoy. Me siento diminuta e insignificante mientras atravieso un pasillo que se me antoja interminable e irreal y, por un momento, me traslada a otro tesoro de piedra, una ciudad excavada en la roca con forma de cuevas artificiales, Petra. El camino se adentra luego en un bosque de robles y olivos que enaltecen la belleza de la Vía Cava di Sant'Antonio. Rodeados de este paisaje llegamos a Vetralla donde, con la confianza de quien tiene alojamiento reservado, nos dirigimos sin prisa al Albergo da Benedetta. Pero nuestro viaje no termina hoy aquí, pues una confusión nos obliga a caminar cuatro kilómetros más allá del camino de salida de la ciudad etrusca hasta el Monasterio Regina Pacis, donde confiamos poder quedarnos.

57

"¿Matrimonio?" Oigo que pregunta la hermana desde la mirilla de la entrada. Para mi asombro, Cédric contesta con un movimiento afirmativo de cabeza, lo que me lleva de vuelta a otro monasterio muy lejos de aquí del que no guardo buenos recuerdos. Mientras esperamos dentro del recinto a que otra hermana nos guíe hasta nuestra habitación, pregunto a Cédric por qué ha mentido y él me mira sin comprender, convencido de que la hermana preguntaba si éramos pareja y no si estábamos casados. La hermana que viene a buscarnos no ve con malos ojos que compartamos una habitación, de camas separadas, en la que permite que nos instalemos antes de mostrarnos el comedor en el que servirán más tarde la cena.

Salimos a descubrir las dos joyas de Vetralla, la iglesia de Santa Andrea y la iglesia de San Francesco, pero lo hacemos con ojos muy distintos. La primera, nublados por la ira, la segunda, alumbrados por la paz que deriva del reencuentro tras el entendimiento con un ser querido. Quizá por ello el segundo monumento me parece mucho más hermoso, bien por los frescos que decoran sus cálidas paredes, o por los mosaicos del suelo, o por el hecho de que sea un espacio abierto en el que los feligreses se acomodan en sillas plegables que disponen a su gusto. El caso es que es en este acogedor espacio del siglo IX donde Cédric y yo, tras pelearnos tontamente, decidimos poner nombre a nuestras emociones para compartirlas con el otro y comprender que aquello que ha hecho que nos enfademos pertenece, en verdad, a la ficción. Una comunicación deficiente ha ocasionado que los dos entrásemos en el museo de Viterbo esta mañana sin ganas, sólo por satisfacer al otro, lo que explica ahora las prisas de Cédric por salir de allí, que tanto me molestaron después de pagar una entrada que me sentía obligada a aprovechar. A esta fiesta, con la confusión como reina, se unieron los fantasmas del pasado de Cédric para hacerlo recelar, y a quien le bastó con que yo abandonara una de las salas del museo para pensar que me había ido sin él. Me dolió que me creyera capaz de algo así, después de todo, hasta que compartió conmigo una historia de su pasado, la de un incomprensible rechazo que había revivido hoy al sentirse, por un momento, abandonado sin motivo. Ahora, frente a la fachada de la iglesia, nos obligamos a vomitar todos los sucesos que se nos han atragantado en las últimas horas, así como el miedo que deriva de la incertidumbre de cómo se sucederán los próximos días y, sobre todo, cómo se sucederán los días a partir de nuestra llegada a Roma, para los dos. Abrazados, con la frente del uno apoyada en la del otro, decidimos aceptar que aún no tenemos todas las respuestas respecto a nuestro futuro, "y menos mal", digo, "pues de lo contrario sería muy aburrido", al mismo tiempo que reconocemos lo que sí sabemos, y es que nos queremos como no habíamos querido antes a nadie. "Es normal que los chicos huyeran espantados tras las primeras citas contigo. Los abrumarías, de eso estoy seguro. Eres demasiado inteligente, pero yo ya soy un poco mayorcito como para salir corriendo y, además, me dicen que tengo algo de genio" me dice con un guiño, a sabiendas de que soy yo la que lo he llamado genio en alguna ocasión por sus múltiples talentos.

De vuelta en el monasterio, el cielo teñido de rojo, amarillo, naranja, fucsia y lila, entre otros, parece salido de una pintura en llamas, fruto de un sol que se recoge como nosotros. En el comedor, nos encontramos de nuevo con Verónica, Chris, Ana y Caroline. Con ellos hablamos mientras compartimos unos deliciosos espaguetis al ragú, así como una sopa minestrone, seguidos de una tortilla francesa que viene acompañada de berenjenas fritas y patatas. Las hermanas saben cocinar con calidad y en cantidad, por lo que no dudamos en felicitarlas tras haber vaciado casi por completo cada una de las bandejas. Después, la aparición de un niño pequeño en escena acapara toda nuestra atención, hasta que su madre vuelve y se lo lleva, dando por finalizada la fiesta.

"Daba gusto verte jugando con ese niño ahí abajo. Has conseguido atraer su atención hasta calmarlo" oigo decir a Cédric, de vuelta en la habitación. Estoy preparando la mochila para no tener que hacerlo mañana por la mañana cuando me giro y lo veo ahí parado, mirándome pensativo y diría que también henchido de orgullo. Sonriendo, se agacha hasta situarse frente a mí y, mirándome fijamente a los ojos, acaricia primero mis cejas para descender luego por la nariz hasta llegar a mi boca. Se detiene en mis labios, a los que besa al tiempo que sujeta mi cara entre sus manos.

58

Sentados a la mesa del comedor del monasterio, descubro encantada que dos capuchinos forman la medida perfecta de una taza de café de desayuno. Emprendemos el camino con la alegría de sabernos más avanzados en el mismo y, poco después, encontramos a Kevin y Jarka entre robledales. Más tarde, los avellanos sustituyen a los robles y nos preguntamos cómo llevarán a cabo la recogida del fruto seco que, esparcido por el suelo, intentamos no pisar. En el caso de los olivos, sí hemos visto días atrás el empleo de mallas o mantos para la recolección de la aceituna. Los restos de una torre, que sirvió de campanario en el medievo como parte de una abadía, se alzan frente a nosotros como si brotaran de los mismos árboles que las avellanas. Ahora forma parte del conocido legado Torri d'Orlando, que incluye también otras ruinas romanas, como la torre que vemos un poco más allá, así como las tumbas que se remontan al siglo I a.c.

La foto de hoy, a las diez de la mañana, inmortaliza a la divertida pareja conmigo en el centro. Cédric la convierte en divertida por la manera en que la toma ya que, a simple vista, parece que Kevin y Jarka me llevan en volandas. Y no hubiera estado mal de haber ocurrido de verdad, sobre todo, cuando obviamos una de las señales del camino y nos vemos obligados a recorrer el doble de kilómetros por otro desvío que nos conduce hasta Capranica. La imagen de cuatro mujeres sentadas, tejiendo lo que parece lana merino, aparece pintada en una de las fachadas de una pequeña plaza. Pero la belleza de este pintoresco lugar, en el que dejamos a Kevin y Jarka tomando un café, no se detiene aquí, sino que continúa con palacios y pequeñas iglesias, como la de la Madonna del Piano, del siglo XIII, que recoge una milagrosa imagen de la Virgen y el Niño Jesús. Dejamos atrás sus estrechas y coloridas calles de piedra cuidadosamente decoradas con plantas para descender, primero, por unas escaleras y, luego, por una cuesta que nos lleva hasta una carretera, que abandonamos para desviarnos por un camino que se interna en el bosque. Pegada al río, con leños de madera dispuestos a modo de puentes improvisados para sortearlo, la senda zigzaguea hasta las afueras de Sutri.

A pesar de haber caminado más de veintitrés kilómetros, todavía no es la una del mediodía cuando subimos las escaleras, casi sin aire, que conducen al casco antiguo de la ciudad de Sutri, donde está ubicado el Monasterio Carmelita. Una chapa de metal indica que dan acogida a los peregrinos a partir de las dos y media, por lo que decidimos comer en una plaza a escasos metros de allí y volver más tarde. Ojalá hubiéramos tocado el timbre en ese momento y no cuando lo hacemos casi dos horas después, cuando al cansancio de caminar se suma el sopor del estómago lleno, para descubrir que no podemos alojarnos allí por tener un día semanal de descanso, el sábado, o sea, hoy. Las hermanas nos dirigen hacia el hotel Sutrium, convencidas de que allí encontraremos alojamiento, pero algo me dice que no será tan fácil como sugieren por el interfono. El optimismo de

Cédric desaparece cuando, en efecto, el recepcionista del hotel lo califica de completo. De ahí nos dirigimos a la oficina de Turismo, donde dos amables señoritas sacan un listado de los B & B más cercanos y van llamando, uno tras otro, y tachando conforme al otro lado de la línea desvelan que no tienen habitaciones disponibles.

En esta tesitura nos encontramos cuando Kevin y Jarka entran en la oficina para sellar sus credenciales. Y, de nuevo, nos salvan. Cuando descubren que el monasterio está cerrado y que no hay alojamientos con espacio disponible para nosotros en el pueblo, no dudan en llamar a la propietaria del pequeño apartamento en el que se alojan ellos. Además de una habitación, éste cuenta con un sofá-cama que, con la ayuda de nuestros amigos y la de las trabajadores de la oficina de Turismo, la propietaria acepta que usemos por una pequeña suma de dinero. Así es como los cuatro acabamos cenando y bebiendo en la pequeña mesa del salón-comedor, en la que permanecemos sentados durante más de cuatro horas hablando. La pareja nos cuenta cómo se dirigían al supermercado cuando entraron en la oficina de turismo, al cambiar de opinión en el último momento; ahora pensamos en cómo este cambio de opinión nos reunió y evitó que tuviéramos que seguir caminando hoy. Hablamos de sus viajes a Checoslovaquia, donde tienen una casa con jardín, de su descuidado vecino, de Pink Floyd, que suena en el teléfono de Kevin, de su hija Rachel, del calor de una chimenea en invierno del consumismo y del deficiente reciclaje, así como del oportuno auge de los productos de segunda mano...Y, mientras hablamos, perdemos la noción del tiempo, hasta que la oscuridad nos lleva a mirar la hora y, alertados por la misma, entre los cuatro, hacemos del sofá una cama antes de desearnos un feliz descanso; ellos, en la habitación, nosotros, felizmente acomodados en el salón. Tras el beso de buenas noches de Cédric, antes de vencerme el sueño, pienso en la suerte que tengo y doy gracias por ello.

59

Por la mañana, aún de noche, los cuatro recorremos las calles de esta antigua ciudad etrusca antes que romana, cuyo escudo destaca en las baldosas de la céntrica Piazza Comunale como recuerdo a su fundador. Saturno, dios y padre de los dioses, quien aparece montado a caballo sujetando un manojo de espigas en la mano, símbolo de la fecundidad y opulencia de la población. Un poco más apartada, a mano derecha, encontramos la Catedral de Santa Maria Assunta, pero no podemos visitarla por estar cerrada. No ocurre así con la iglesia Chiesa di Santa Croce, una pequeña sala que invita al recogimiento, como la del Carmelo della Santísima Concezione, que vimos ayer junto al monasterio de las Carmelitas, y en la que escuchamos los cánticos de las mismas a través de una reja de clausura situada junto al altar. Las casas desaparecen al llegar a la carretera principal, al otro lado de la cual se erigen los restos arqueológicos de la antigua ciudad asentada sobre un espolón de toba calcárea, como la iglesia de la Madonna del Parto, excavada en la propia piedra, o el anfiteatro romano del sigo I-II a.c esculpido en la misma. Conforme avanzamos por la Vía Cassia, observamos la necrópolis etrusca que, según leo en postes informativos, la conforman al menos sesenta y cuatro tumbas excavadas en la toba volcánica.

Los prados se suceden sin pausa tras la piedra cargada de historia hasta Monterosi, donde nos detenemos a tomar un café. En realidad, lo toman todos menos yo, que continuó empachada tras mi mala ocurrencia de esta mañana de desayunar un resto de pasta al ragú de la que sobró ayer. Descubro, con pesar, que el Latte que preparan aquí es uno de esos que tanto cuesta encontrar, con doble carga de café seguida de una generosa cantidad de leche, ambos servidos en vaso alto, para mayor disfrute de los cafeteros ingleses. Es domingo y una boda se está celebrando en el interior de la iglesia de estilo barroco de Santa Croce cuando atravesamos la plaza del pueblo en la que está ubicada. Antes de salir del mismo, en una rotonda, un coche se detiene a la altura de Cédric con la excusa de tener un sello de paso para su credencial. Kevin, Jarka y yo nos acercamos a la joven pareja que sale del coche, pero ninguno con la intención de abrir nuestras mochilas. La escena es extraña y me hace recelar e intuyo, por las caras de la pareja, que no soy la única. Tras sellar la credencial de Cédric, se hace evidente que el chico pensaba conseguir algo a cambio de ese gesto, pero quizá nuestra presencia o la actitud de su pareja hacen que desista en su empeño y ambos se alejan, de nuevo, en su coche.

La hora y media siguiente transcurre por un camino de grava sin incidencias hasta que llegamos a una transitada carretera. Da la impresión de que muchas familias acuden a Cascada Monte Gelato a pasar el día, ya sea con su propia nevera para hacer un picnic en los alrededores del parque, o bien para sumarse a la barbacoa celebrada en un recinto del mismo con entrada. Paramos en el único bar disponible con la intención de utilizar el baño tras tomar algo, pero no nos lo permiten por estar ubicado en el restaurante que tienen cerrado. Pienso en el mal negocio que harán sirviendo cervezas a una clientela obligada a marcharse a casa para hacer sus necesidades y que no volverán, cuando podrían haber continuado bebiendo, al mismo tiempo que hablando, toda una mañana o una tarde. Y me alegro por la salud de éstos, aunque no por la mía en estos momentos, necesitada de baño y obligada a improvisar uno, entre el bullicio de padres e hijos, en un espacio oculto del camino. Y, por si esto fuera poco, el bar no sirve helados; un gran fallo al que le sigue una enorme decepción si tenemos en cuenta que está situado en un monte llamado Helado en italiano.

Los últimos kilómetros hasta Campagnano di Roma los recorro hablando con Jarka, que me confía problemas familiares con los que ambos cargan en su mochila de camino a Roma y con los que deberán lidiar a la vuelta, una vez en casa. Cargo una milésima parte de su dolor en el ascenso hasta la cima de la roca calcárea en la que se yergue esta ciudad de la Edad de Bronce, rodeada de bosques. Caroline nos da la bienvenida a la Parroquia San Giovanni Battista, en la que ella ya está instalada, tras entender que los cuatro habíamos hablado con Don Renzo. Y así lo habíamos hecho el día anterior, cuando llamamos al párroco para garantizar la reserva después de los problemas de los días previos. Los cinco salimos a comer, primero un aperitivo en un curioso sitio que sirve el vino en copas de plástico, al que le sigue una pizza en un pequeño establecimiento con horno de leña. Ante el asombro de todos, Kevin pide otra de Nutella de postre, que insiste en que probemos, aunque los demás nos decantamos por acompañarlo con un helado que resulta bastante mejorable; todos, salvo Caroline, que nos tilda de golosos sin fondo.

De vuelta en el albergue, encontramos a Verónica visiblemente afectada tras una incómoda conversación con un Don Renzo enfadado por nuestra libre acomodación en las instalaciones que encontramos abiertas, algo habitual en otros albergues en los que no hay hospitaleros de forma permanente. A pesar de haber cumplimentado nuestro registro en las hojas correspondientes y haber tratado de localizarlo sin éxito, reiteramos nuestras disculpas en un e-mail que Cédric escribe, pero que tampoco obtiene respuesta. Por lo que cuenta nuestra compañera, se han sucedido varios robos a peregrinos extranjeros en este lugar y Don Renzo busca prevenir futuros sustos recordando, entre otras cosas, la importancia de cerrar todas las puertas de este inmenso lugar que cuenta con varias plantas y habitaciones con un total de cincuenta camas. Es por ello que cuando, en medio de la noche, me levanto al baño y encuentro cerrada la puerta que he dejado abierta al marcharme, comienzo a especular sin atreverme a cerrarla de nuevo antes de comprobar que Cédric, Kevin y Jarka duermen plácidamente en sus literas. Aún así, no duermo tranquila y, cuando despierto, los fantasmas me asaltan de nuevo con una visión que bien parece materializar a Yvo en este lugar. Y es que, desde mi litera a nivel del suelo, creo observar una figura sentada en la posición del loto en la litera superior que hay frente a la mía, con lo que diría que es un sombrero. La visión me petrifica el tiempo que tarda en sonar la alarma, momento en que descubro que es una ilusión, el efecto de una almohada mal colocada bajo una cruz que simulaba, también a los ojos de Cédric desde su litera junto a la mía, un sombrero de vaquero. Reímos de los miedos pasados acusados por la oscuridad de la noche y que, ahora, con la claridad de un nuevo día, se desvanecen.

60

Desayunamos en el bar situado frente a la Parroquia de San Giovanni para hablar con el dueño, amigo del párroco, y trasladarle, así, de nuevo, nuestras disculpas. El móvil vaticina lluvia, pero no el italiano con el que estamos, por lo que salimos sin la ropa de lluvia, que dejamos a mano. Antes de abandonar Campagnano di Roma, miro la Porta Romana que marca, según se mire, el inicio o el final del centro histórico de esta ciudad, primero etrusca y después romana, en la que aún visualizo la fuente de los delfines y la Colegiata de San Juan Bautista que visitamos ayer.

El bosque nos envuelve poco después, y en él encontramos a un hombre asustado tras haber sido sorprendido por un jabalí justo antes de que nosotros llegáramos. Agradece nuestra presencia tanto como la huida del animal y, aliviado, se presenta como Keith, peregrino de Quebec. "Estoy segura de que el jabalí se ha sorprendido más que usted y ha desaparecido, tan rápido como ha podido, asustado por su palo de trekking" le digo para tranquilizarlo, convencida de que el sorprendido ha sido el pobre animal al invadir nosotros su hábitat natural. Una vez repuesto del susto, Keith se lanza a preguntar nuestros nombres, así como nuestros estudios, convencido de que Cédric y yo tenemos veintinueve y veintidós años, respectivamente, lo que nos hace reír complacidos antes de desmentirlo. Calculo que él tendrá alrededor de sesenta años y, aunque su familia no comparte su pasión por caminar, respetan sus viajes que, según nos dice, evitan siempre las zonas montañosas. Lo reto a que, cada vez que planifique una ruta, me envíe las desechadas por desnivel alto para disfrutarlas en su lugar, pues para mí la parte alpina y apenina de este viaje están entre las más atractivas por su exigencia y belleza. Ahora, es la belleza del Valle del Sorbo la que atrapa a Cédric, que se detiene cada pocos metros para tomar instantáneas. Continúo despacio, saboreando la vista que me ofrece la naturaleza, y que incluye unas vacas y caballos pastando. Me detengo ante uno negro, al tiempo que le deseo a Keith un buen camino cuando me adelanta. Separado del resto, uno blanco y dos castaños que pastan juntos a lo lejos, este semental del color del tizón destaca sin proponérselo por encima de ellos. Intuyo que, además de ser muy bello, es el más bravo entre sus compañeros.

Espero a Cédric en la subida a Formello para bromear, cuando me alcanza, con no sobrepasar la velocidad de veinte kilómetros por hora marcada por una señal de tráfico. Como siempre que ascendemos, bajamos a continuación por una carretera que desciende en curva hasta el mismo centro histórico de la que es la última ciudad antes de llegar al área metropolitana de Roma. En Formello encontramos a Kevin, Jarka y Keith, sentados en una terraza con lo que parecen los restos de un desayuno. Se despiden para hacernos sitio antes de reemprender el camino hacia la plaza San Lorenzo en la que está situado el Palazzo Chigi, cuya construcción se inició en el siglo XII. Escogemos la ruta más larga hacia Isola Farnese, que transcurre por un camino de tierra sumergido en el bosque y que se abre en algunos tramos blindados por una valla de madera con vistas de Formello a lo lejos. Atravesamos el río Cremera a la altura de un puente llamado Sodo, punto de entrada al parque que hoy recoge las ruinas de la ciudad etrusca del siglo VI a.c conocida como Veii. Tras pasar un árbol partido por un rayo y una cascada, el cementerio de Isola Farnese se funde con ésta, cuya Vía Isola Farnese seguimos hasta la moderna Vía Cassia de la localidad de La Storta, en las afueras de la mismísima Roma. Pero no me siento en Roma, aún no, rodeada como me encuentro de la fealdad del paisaje industrial y, lo que es peor, basura en cada rincón, como consecuencia de unos abandonados contenedores que no dan abasto para retenerla en su interior. El olor es insoportable y resulta difícil caminar, sin apenas espacio donde pisar, entre las bolsas de basura que lo inundan todo, salvo la carretera por la que circulan los coches y en la que nosotros no tenemos cabida, no sin jugarnos la vida.

Nos resguardamos, por ello, tan pronto como llegamos, en el Instituto Suore Poverelle en el que reservamos cama ayer, junto con Kevin y Jarka. El recinto, en un terreno elevado de la Vía Cassia, es un remanso de paz, con jardines que incluyen bancos para propiciar el descanso y una mesa de mármol cobijada bajo un árbol con asientos para comer, jugar o, simplemente, conversar. Eso hacemos poco después con Kevin y Jarka, a los que invitamos a cervezas y helados de pistacho en cuanto llegan. Ha sido gracioso encontrarlos a la salida del supermercado, después de viajar al pasado en el interior de un fotomatón cogida de la mano de Cédric, y antes de comprar el aperitivo del que disfrutamos ahora los cuatro. Hablamos de Roma, lejana cuando empezamos a caminar, pero que ya pisamos, tocamos con la mano y, aunque no lo parezca, cuyo aire ya respiramos. Decidimos recorrer los últimos veinte kilómetros que nos separan de la Basílica de San Pedro juntos, para celebrar así nuestra tan ansiada llegada a meta. Además, nos han advertido de que los cinco primeros kilómetros transcurren por una de las arterias principales de entrada a la Santa Sede, la misma que nos ha traído hasta aquí sumidos en una nube de contaminación a causa de los coches y las basuras. Por esta razón, son muchos los peregrinos que optan por coger un autobús para evitar este tramo, incluso recuerdo a Stefano, el hospitalero en Lucca, recomendárnoslo en su momento. Pero a estas alturas, mi deseo, como el de mis compañeros, es el de llegar a pie, más aún tras superar las peligrosas salidas por carretera de ciudades como Vercelli, Pavía y Piacenza, sin olvidar la entrada a Acquapendente.

Los detalles de la última etapa de nuestro viaje llegan junto a unas pizzas en un establecimiento con horno de leña próximo al albergue. Cédric ha fracasado en su intento de conseguir un corte de pelo y esto ha propiciado que nos encontremos junto a la pizzería en la que están sentados Kevin y Jarka. Es increíble cómo nos compenetramos incluso cuando no lo buscamos.

61

Hoy, martes 8 de octubre, se cumplen cinco semanas y media desde que empecé a caminar por segunda vez en un mes. Mi destino, en esta ocasión, era Roma y, si todo va bien, en unas pocas horas lo alcanzaré. Y no lo haré sola, igual que tampoco volveré a casa de la misma forma en que me marché. Es posible que yo no haya cambiado mucho, pero mi vida lo ha hecho sustancialmente en las últimas semanas. Seguramente, porque el tiempo que he invertido caminando, inevitablemente, me ha tocado y operado, de algún modo, cambios en mí o, más que en mí, en mi forma de ver las cosas.

Cédric me saca de mi ensimismamiento cuando me alerta de que tenemos que cruzar al otro lado de la carretera. Todavía es de noche y los cuatro caminamos en fila india junto a los coches, pues el estrecho arcén continúa inundado de basura. Por delante de mí va Jarka, mientras que Cédric y Kevin, uno tras otro, avanzan inmediatamente detrás. Hemos parado en una cafetería para desayunar algo rápido y superar este tramo de carretera lo antes posible. Una diminuta capilla, con la imagen de María alumbrada por velas, la de Jesucristo adornada con flores y dos sillas dispuestas una frente a la otra, invita al silencio rodeada del caos del tráfico. En esas imágenes me amparo cuando cruzamos al otro lado sorteando tanto los coches que no se han detenido frente al semáforo, como los que sí lo han hecho invitándonos a pasar con seguridad.

En el parque dell'Insuguerata, nuestros oídos encuentran el alivio que tanto ansiaban, alejados del bullicio del tráfico, e inmersos ahora en la tranquilidad del bosque. También los ojos encuentran su recompensa, al preferir el manto verde de éste al muestrario de coches que les ofrecía la carretera. Y qué decir del olfato, encantado con la idea de reemplazar el olor a tubo de escape y desperdicios por el de la hierba mojada de primera hora de la mañana. Relajada, incluso extasiada por el fuerte olor a lúpulo, con los pulmones henchidos de aire puro, me resulta más fácil afrontar la subida de Monte Mario, de 139 metros de altitud. Es la colina más alta de Roma y, una vez en su cima, ahora sí, me siento en Roma. Una magnífica vista de la ciudad nos descubre desde el estadio de fútbol hasta donde se intuye el Vaticano al otro lado del río Tíber. Tras avanzar por la reserva natural, un lugar conocido como Zodiaco nos permite otear el punto al que dirigimos nuestros pasos desde que cada uno de nosotros comenzara a caminar. La cúpula de la Basílica de San Pedro se yergue, orgullosa, para inspirar a nuestros corazones alegres y ofrecer consuelo y descanso a los peregrinos más cansados. Mis pies parecen levitar por el camino de bajada de la montaña, sintiéndome liviana, como si volara. O quizá alguien está cargando con el peso de mi mochila por mí en este momento. Así es como percibo el final de este viaje, que no es más que el final de un capítulo de mi vida. Si es verdad que no hay mejor comienzo para otro que un buen final, éste es mi día de suerte. Por encima de mi cabeza está el observatorio astronómico. En él imagino a niños, y no tan niños, soñando; los primeros, con viajes al espacio y vida en otros lugares, tratando los segundos de dar respuesta a preguntas más complejas, como el origen del universo, el final de la tierra y la posible continuación de la vida en otro lugar. Me doy cuenta de que aquí, en la llamada montaña de la alegría, no sólo sueñan los peregrinos que llegan a Roma, ni son los únicos que terminan para volver a empezar. La vida es un continuo cambio para todos.

Cruzo la verja por la que abandonamos Monte Mario para entremezclarnos con los habitantes y turistas que visitan la gran ciudad. Por delante tenemos dos kilómetros, en línea recta, a lo largo de una avenida que cambia de nombre en varias ocasiones conforme avanzamos por ella. Reconozco la Piazza Risorgimento de mis viajes anteriores, así como la Via di Porta Angelica que nos da entrada al Vaticano. Pero no es hasta que atravesamos Porta Angelica y las columnas que flanquean la plaza cuando vemos a nuestra derecha la Basílica de San Pedro. La plaza oval está tal y como la recordaba, con el obelisco en el centro y la basílica proyectada al fondo, rodeada de un pasaje abierto de columnas de mármol, de cara a la Via della Conciliazione, que la conecta con el castillo de Sant'Angelo, al otro lado del río.

Es el momento de los abrazos, que invitan a que fluya la emoción contenida, de las fotos para el álbum de los recuerdos, que nos devolverán a esta meta siempre que lo necesitemos, de jugar a sostener la base de la iglesia con el dedo índice, como si todo fuera posible y no sólo el hecho de haber llegado caminando hasta aquí. Los cuatro soñamos, en el lugar en el que nos visualizamos cuando echamos a andar, sólo que ahora lo visualizamos porque es real, lo podemos tocar, pisar y fotografiar. En la cuna del Vaticano nos abrazamos los cuatro y, con el Testimonium en la mano, sentimos alcanzada la meta a la que soñamos llegar tantos días atrás. Como el minuto de gloria que refiere el maratoniano cuando alcanza la meta, con la medalla en la mano, sólo que aquí no hay medalla ni animadores ovacionando la llegada a Roma de los cinco peregrinos que, de media, la alcanzan cada día a pie. Pero no hace falta. Más que la meta, importa el camino, el poso que deja en nosotros cada uno de los pasos que damos, según cómo y en compañía de quién los demos. Recuerdo, con amargura, que esta vez yo quería darlos sola, o quizá me auto engañaba al creerlo así, al mismo tiempo que lo hacía en el proverbio africano "si quieres ir rápido camina solo, si quieres llegar lejos ve acompañado". Miro a los que me rodean y evoco la imagen de los que, sin estar conmigo ahora, también me acompañaron parte del camino, pues tanto ellos como Cédric, Kevin y Jarka han contribuido a que llegara lejos. Especialmente él y puede que también mi tozudez.

Los cuatro nos dirigimos ahora, siguiendo el río Tíber, hacia el albergue Spedale della Divina Provvidenza, en Trastevere, un barrio de lo más animado, con multitud de plazas y calles peatonales que acogen tiendas artesanales y un sinfín de restaurantes y bares con terrazas que invitan a sentarse. Y así lo hacemos, pues la ocasión bien merece una celebración. Ellos, fieles a sus costumbres, piden cerveza, mientras que Jarka y yo tiramos la casa por la ventana siguiendo la tradición italiana con un Spritz, un cóctel a base de Prosecco. Este llega muy cargado y, tras varios sorbos, una risa floja se suma a la alegría como emoción protagonista del día. Ni siquiera la llegada de una ambulancia para atender a alguien en el restaurante de al lado consigue restar emoción al momento, que continúa con una marcha un tanto errática a nuestro alojamiento. Allí nos recibe Rosa, encantadora, que anota una noche para Kevin y Jarka, que vuelven mañana a casa, y dos noches para nosotros. Mi vuelo sale el jueves, pasado mañana, a tiempo para salir en la ofrenda de flores para la Virgen del Pilar y en el Rosario de Cristal. Cédric, en cambio, tiene la oportunidad de quedarse a conocer Roma, una ciudad desconocida para él hasta ahora, al ser acogido por un sacerdote conocido de su padre en una comunidad religiosa belga durante casi una semana.

La casa de acogida cuenta con una zona de jardín a la entrada que comunica con dos edificios, uno donde se ubica el comedor y la cocina, así como la zona de residencia de los voluntarios, y otro en la cara opuesta, arriba, para los peregrinos, con dos amplios dormitorios y baños separados para hombres y mujeres. Tras colocar nuestras pertenencias en cestas individuales, una sensación extraña me invade, pues hoy no urge lavar, ni mañana, ante la posibilidad de hacerlo ya al día siguiente en la lavadora, en casa. Tampoco he de apurar el gel o el champú, ni la crema, pues ya no existe esa preocupación por que no duren hasta el final y tener que comprar un formato demasiado grande y pesado como para cargar con él a diario. Las zapatillas que han protegido mis pies de caminos asfaltados, montañosos, de grava, tierra e, incluso, de ríos y del fango me miran, ahora, suplicando descanso. Lejos quedan las tardes en que, empapadas por la lluvia, debía mimarlas con papeles de periódico para secarlas, o colgarlas de las tiras de mi mochila al día siguiente, calzada con sandalias, para permitir que el sol terminara el trabajo que el periódico empezó el día anterior. Falta tela ahí donde mis talones han ido sujetos, día tras día, durante casi treinta y nueve días. Y aquellos vivos colores que lucían en los primeros días de camino, así como en las carreras de obstáculos que las domaron, forman ya parte del pasado. Con cuidado, las envuelvo en una bolsa y, pensándolo bien, me la llevo cuando salimos a dar un paseo antes de la cena. Me despido de ellas en la Plaza de Santa María de Trastevere, frente a la Basílica, convencida de que han cumplido con creces con su cometido y segura de que es aquí, el lugar al que me han ayudado a llegar a pie, donde deben permanecer.

Al dejarlas aquí, siento que dejo en Roma un trocito de mí, algo que no me importa en absoluto, al contrario, me hace sonreír cuando, cogida de la mano de Cédric, entro en la Basílica de Santa María.

Frente al altar, sumido en la oscuridad, observo la luz de la vela recién encendida al mismo tiempo que doy gracias, por el día de hoy, los pasados y los días que vendrán, por los que me han apoyado y acompañado en mi viaje, por haberme permitido superar el dolor y otras dificultades encontradas en el camino pues, al fin y al cabo, he llegado.

62

De vuelta en el albergue, en el comedor donde nos disponemos a cenar en unas mesas alargadas dispuestas en forma de U, los voluntarios Mario, Rosa y Gloria nos invitan primero a sentarnos a su alrededor para proceder con el tradicional ritual de lavado de pies. Nos animan a presentarnos y, así, cada uno de nosotros compartimos con los demás una breve historia antes de dejar nuestro pie a los cuidados de Mario. Cuando llega mi turno, me presento por primera vez para algunos, como los voluntarios Mario y Gloria, un argentino y una pareja de americanos, pero no para los sobradamente conocidos Kevin y Jarka, Yvo, el grupo de italianos, Keith, Caroline, e incluso Rosa, la voluntaria. Enmarco mi historia con la pregunta retórica "¿Por qué empecé a caminar?" A la que respondo, acto seguido, "Porque necesitaba pasar tiempo conmigo misma para conectar con mi interior y conocerme mejor, algo que resulta difícil en una ciudad caótica como Barcelona y más sencillo con la distancia y la tranquilidad proporcionadas por el camino. No era el primer camino que emprendía sola, esta vez en Francia para llegar a Roma, pero hace dos años salí desde Somport hacia Santiago con la mera compañía de mi mochila. ¿Qué me llevo a casa? No sólo la reflexión que buscaba, sino también la amistad y la riqueza que deriva de la sabia experiencia de otros peregrinos con los que he coincidido. Uno de ellos me dijo que el camino no nos da lo que queremos sino lo que necesitamos y es posible, pues a mí me ha dado mucho más de lo que esperaba encontrar" añado, mientras apoyo mi mano en la pierna de Cédric y, con ternura, lo miro antes de cederle la palabra y comprobar que Rosa, la voluntaria, se ha emocionado con el final de mi historia.

La cena transcurre en el ambiente distendido que sigue a las confidencias pasadas y al éxtasis de quienes sienten haber alcanzado, de forma reciente, un logro importante en sus vidas. No faltan las focaccias de todo tipo y condición para rendir homenaje al lugar en el que estamos, ni el vino, que hasta ahora Kevin se encargaba de asegurar en cada una de las cenas pasadas. Pero, sobre todo, no faltan ellos, los escoceses, que no pierden su sonrisa ni aun en la última cena, cuando el momento de la despedida se siente tan cerca. Tampoco falta el jolgorio de los italianos, ni el griterío de Caroline y sus nuevos amigos americanos, ni la atenta mirada de Yvo que, escurridizo, elude responder a la pregunta sobre por qué creyó que era mejicana, como difundió, convencido, cada vez que me mencionaba ante otros peregrinos.

A la mañana siguiente, muchos de nosotros nos levantamos temprano para ver al Papa en la audiencia que concede cada miércoles, como hoy, en la plaza de San Pedro. Pero antes de marcharnos, toca decir adiós a aquellos que no se quedarán, como nosotros, alojados aquí otra noche. Kevin y Jarka regresan esta tarde a casa y, convencida de que volveré a verlos, me despido de ellos con un hasta pronto envuelto en un fuerte abrazo. De ellos me acuerdo cuando llegamos a la Via della Conciliazione y caminamos de frente hacia la Basílica de San Pedro, a la que llegamos ayer con ellos. Ahora esperamos en una de las filas formadas para ver al Papa, junto a muchos otros peregrinos llegados de todas las partes del mundo, que no caminantes, no necesariamente. Reconozco al grupo de italianos por delante, pero enseguida les pierdo la pista tras pasar el control de seguridad entre las columnas y sumarnos a una multitud empequeñecida a causa de la grandiosidad de la plaza en la que está sentada. Nosotros nos quedamos de pie, bajo el sol, junto a una valla de madera en la que nos apoyamos, de tanto en tanto, para hacer más llevadera la espera. Escucho las ovaciones del gentío antes de ver al Papa, saludando a los fieles de pie en el Papamóvil, rodeado de guardaespaldas, además de la guardia suiza dispuesta a lo largo de toda la ciudad del Vaticano. El coche avanza entre los pasillos, cada vez más cercano al que nos encontramos, del que desconocíamos que formara parte del recorrido y, ubicados en primera fila, saludamos a su paso mientras él nos mira, saluda y bendice a la vez desde arriba.

Pienso en la yaya y en lo que hubiera disfrutado con esta historia mientras dirigimos nuestros pasos hacia el interior de la iglesia. Aunque, bien pensado, no se habrá perdido detalle, sentada como me la imagino en primera fila, allí arriba, sujetando al yayo con una mano y con la otra su paquete de palitos de pipas. La basílica está llena de gente pero, aún así, logramos encontrar silencio en unos bancos apartados, junto a los altares de la crucifixión de San Pedro, San José y Santo Tomás. Aquí sentada, me acuerdo de papá y mamá, mis hermanos y cuñado, mi adorada sobrina, mis tíos y primos, de la tía y los yayos, que descansan en paz, pero también de mis amigas, en especial, de Belén y su familia, de Mayte y su lucha con el Alzheimer de su madre, así como la de su pareja Juan. Pido por todos ellos, conocidos y queridos, y también por aquellos a los que he conocido en el camino y cuyas peticiones he traído conmigo, como Ana, Egidio, Piero Angelo, y Diana, entre otros. Por ellos pido, no por mí, pues ya lo hice antes del viaje, el día del bautizo de Carlota en la Basílica de El Pilar, incluso recriminé a la Virgen a la vuelta de mi viaje a Aosta, convencida de que me había entendido mal. Y es que le pedí un compañero de viaje que, en efecto, tuve en Anthony, pero yo me refería a viaje, no como un viaje de ida y vuelta, con principio y final, sino a viaje en el sentido del camino de la vida. Le pedía un compañero de camino, de vida, y no un pasatiempo. Lo que no intuía entonces es que debía ser paciente, pues me esperaba a la vuelta de la esquina, tan sólo unos días después, en el norte de Italia. Y aquí continúa, sentado junto a mí, convencido él también de que me había estado esperando hasta ahora, durante más de cuarenta años. Quizá por ello no se ha casado nunca. Sea como sea, aquí y ahora tengo una razón más que suficiente por la que dar gracias y pedir perdón.

Ahora comprendo que todos mis pasos anteriores, incluso aquellos que me penaba haber dado, eran necesarios para llegar donde y como estoy ahora, preparada para tomar las riendas de mi propia vida en compañía, no sólo de mi familia y amigas, sino también de la suya. Cédric está entusiasmado con la idea de conocer a mis padres, incluso ha mirado vuelos para viajar a Zaragoza en las próximas semanas, pero seré yo quien lo haga primero por su cumpleaños, que casualmente es el mismo día que el mío, sólo que seis meses más tarde. Nos llevamos nueve años y medio exactos, aunque no lo parezca. Como tampoco parece encajar para algunos, como Mario, el voluntario, que no volvamos a casa juntos, cuando cada uno partimos de un lugar, en cuanto a que pertenecemos, ya no sólo a ciudades distintas, sino también a países distintos. ¿Pero quiénes son ellos para poner fronteras donde nosotros no las vemos? Bastante complejo es el camino de por sí como para añadir obstáculos que no estaban ahí o que, de estarlo, se pueden retirar; algunos, de inmediato, otros, con tiempo y esfuerzo. Por ello, no dudamos, seguros de la conexión que tenemos y de lo que podremos conseguir juntos a pesar de la distancia.

Aun con todo, el momento de la despedida después de tantos días juntos, veinticuatro horas al día, se me hace un mundo. No parece que las despedidas que se han ido sucediendo desde la cena de ayer hasta el desayuno de esta mañana en el albergue, como la de Yvo, o la de Rosa, emocionada una vez más al vernos partir juntos, hayan servido de adaptación, pues lejos de sentirme inmunizada, me siento más sensible y expuesta que nunca. Pero no soy la única. Cédric, devuelto esta mañana a la civilización por un corte de pelo y un afeitado con un claro toque italiano, remueve sin ganas un café solo sin azúcar. Sentados en la cafetería junto al control de seguridad del aeropuerto Roma-Fiumicino, hacemos tiempo antes de la salida de mi avión dentro de hora y media. Me siento como un ternero de camino al matadero, al tiempo que Cédric se arrepiente de no haber comprado un vuelo de vuelta a casa para hoy convencido de que el viaje acaba con mi partida. Pero no es así y se lo hago ver. "Tu viaje a Roma tenía, desde el principio, dos partes, el camino que ya has recorrido hasta llegar a ella y la visita de la ciudad, que comienza para ti ahora. Sí, hemos visto la masificada Fontana de Trevi, la Piazza di Spagna, el Vaticano, Trastevere, hemos recorrido las tiendas de juguetes de madera y descubierto los entresijos de Pinocho hasta dar con unos carruseles dignos de nuestras sobrinas, pero no puedes perderte las otras cuatro basílicas ni el Coliseo, el foro romano o el castillo de Sant'Angelo, por no hablar de la Capilla Sixtina. Pero, por encima de todo, tienes que conocer a Simón para preguntarle por el sentido de todo lo que hemos visto y percibido las últimas semanas, esa explosión de arte y poder que tanto contrastan con la humildad y pobreza profesadas por la iglesia. ¿Acaso son para la gloria de Dios? ¿Acaso buscaban sus altos pilares tocar el cielo para llegar a Él? Seguro que un experto en Teología tiene respuestas para estas y otras preguntas, así que dudo mucho que te quede tiempo para pensar en mí y echarme de menos. Entiendo que después de tres meses quieras ver a tu familia, pero en pocos días lo harás y Roma bien merece la pena esa espera. Ya lo verás."

Y, mientras lo convenzo a él, me convenzo a mí misma de lo rápidas que pasarán las próximas dos semanas, con las fiestas del Pilar, el viaje a Sevilla para la recogida del premio en el congreso y el inicio de la mudanza en Barcelona entre medio. Me separo del abrazo que sigue a un beso salado y, sin valor para mirar atrás antes de cruzar las puertas, me giro justo antes de llegar al control, en el último punto con visibilidad, para verlo tan alto como es aun a pesar de su pesada mochila, con sus conocidos pantalones cortos azul marino, camisa a rayas y sombrero, ahora en la mano. Y, a pesar del cansancio acumulado, del tedio que le producen las despedidas, de la lejanía del aeropuerto desde el que ahora tiene que volver solo, aun a pesar de sus ojos tristes, me sonríe y me lanza un beso al tiempo que agita el sombrero; incluso hace aspavientos para captar al viento el que le devuelvo, con evidente aire teatral para arrebatarme una sonrisa antes de perderme de vista.

EPÍLOGO

Agradezco el aire fresco que sopla colándose entre mis rizos cada vez que giramos alrededor de la fuente situada bajo la estatua de Alfonso I El Batallador. Cédric corre junto a mí y me basta con oírlo reír para saber, sin necesidad de mirar mi reloj pulsómetro, que he acelerado de nuevo el paso. A veces lo hago a propósito, simplemente por el placer de escuchar esa risa descontrolada, como la que me impidió comer las doce uvas en Nochevieja por temor a atragantarme a causa de esas risas que oía a mi espalda fruto de una tradición incomprensible y desconocida para él. "¿Qué es lo que te hace tanta gracia?" Le pregunto, intuyendo la respuesta, que no se hace esperar "No sé, estoy feliz" y que, como en ocasiones anteriores, me hace sonreír.

El sol brilla pero no calienta en el que, sin duda, es un día perfecto para correr, primaveral, nada propio del mes en el que estamos, pues marzo no ha hecho más que empezar. El parque disfruta de la tranquilidad que sigue al fin de semana, por suerte para nosotros, que no tenemos que sortear al trenecito, ni a las bicicletas, karts, cochecitos, carritos y niños que cambian la dirección de sus pasos sin avisar. Y, con todas las vueltas que debemos dar al parque hasta alcanzar los veintiún kilómetros que nos hemos propuesto correr hoy, agradezco no tener que hacerlo esquivando a diestro y siniestro. Cédric y yo nos estamos preparando para la maratón de Valencia 2020, a la que nos inscribimos antes de finalizar el año, tal y como planeamos durante el camino. Pero antes de correr una maratón, debía medirme en una media maratón, que correré en Enschede en abril, al mismo tiempo que Cédric va directo a por su segunda maratón. Lo que no intuíamos cuando nos inscribimos, ni siquiera cuando nos conocimos caminando al mismo ritmo, es que también correríamos a la misma velocidad. Y eso me encanta, sobre todo cuando el flato amenaza con obligarme a bajar el ritmo y me centro en seguir el suyo, lo que lo hace mucho más fácil. Cédric me anima a seguir cuando siento flaquear mis fuerzas y se ha convertido en el mayor seguidor de los entrenamientos que realizo, por no decir que es mi mayor fan.

Llevamos juntos seis meses y aunque de momento vivimos separados, él en Amberes y yo en Zaragoza, no pasan más de tres semanas sin que nos veamos. Desde que celebráramos su cumpleaños con su familia en Amberes, he ido a Bélgica en tres ocasiones y él ha venido a España dos. Viajar no hemos viajado lejos, pero hemos visitado infinidad de lugares en poco tiempo, empezando por Amberes, Gante, Bruselas, Brujas, Zaragoza, para seguir por París y terminar con Montpellier, Aigües-Mortes, La Grau du Roi, Nimes, Arles, y Camargue. El próximo destino es Málaga, donde tenemos la boda de una amiga mía; después, Holanda, donde no podemos faltar a nuestra cita deportiva y, más adelante, quizá visitemos a Ringo en Berlín, a quien volví a ver hace poco en Barcelona con su mujer y donde es posible que vea dentro de unas semanas a Kevin y Jarka.

Es posible que la Vía Francígena haya acabado, pero sólo en lo que respecta al camino en Francia, Suiza e Italia, pues cada uno sigue caminando a diario, aquí o allí, y lo mejor de todo es que esos caminos pueden volver a cruzarse en el momento más inesperado. O, simplemente, dos personas provenientes de caminos diferentes pueden decidir que sus caminos permanezcan unidos para siempre.

AGRADECIMIENTOS

Gracias a todos los que se cruzaron en mi camino por enriquecerlo con sus historias. Anthony, Cédric, Ringo, Egidio, Anna, Kevin y Jarka, dejáis una gran huella allí donde pisáis. Gracias por vuestra amistad y vuestro amor que aun a día de hoy sigo percibiendo a mi lado o al otro lado del Océano.

Gracias a mi familia por apoyarme tanto en este como en todos los proyectos en los que me embarco. Con vosotros es más fácil conducirlos a buen puerto.

Gracias, especialmente, a mi avezada correctora, mamá. Cuatro ojos ven más que dos y, en tu caso, como buena profesora de Lengua y Literatura, infinito.

Gracias, Mayte, por tu inquebrantable amistad aun a pesar de la distancia.

Gracias a Nacho Carreras por sus consejos.

Gracias a Irene Vallejo por sus palabras de aliento.

Y un enorme gracias a ti, Cédric, por ayudarme a vestir este manuscrito de forma atractiva con el fin de hacer más agradable su lectura.

Gracias por seguir caminando a mi lado a día de hoy.

ÍNDICE DE ETAPAS

PRIMERA PARTE
Besançon (Francia) - Aosta (Italia)

SEGUNDA PARTE
Aosta (Italia) - Roma (Italia)

Printed in Great Britain
by Amazon

66392506R00180